Companhia Das Letras

NA TERRA E NO CÉU
84 sonetos de amor para Laura

FRANCESCO PETRARCA nasceu em 22 de julho de 1304, em Arezzo, e faleceu em 18 de julho de 1374, em Arquà, próximo a Pádua, onde passou os últimos anos de sua vida. Além de sua vasta obra sobre filosofia e religião, escrita predominantemente em latim, idioma erudito de seu tempo, Petrarca é reconhecido como poeta sobretudo pela coletânea de 366 poemas, 317 dos quais em forma de soneto, compilada com o título de *Canzoniere*. Parte dos sonetos que compõem a coletânea fala de Laura, por quem ele se apaixonou ao vê-la pela primeira vez em 1327, na igreja de Santa Clara, em Avignon. Até hoje pairam dúvidas sobre a verdadeira identidade de Laura. Petrarca viajou extensamente pela Europa e exerceu funções diplomáticas. A epidemia da peste negra, que vitimou milhares de pessoas, inclusive Laura, obrigou-o a buscar refúgio em Pádua em 1361 e mais tarde em Veneza.

SERGIO DUARTE nasceu no Rio de Janeiro, em 1934. Bacharel em administração pública pela Fundação Getulio Vargas e em direito pela Faculdade de Direito de Niterói. Embaixador desde 1985, serviu nas embaixadas do Brasil em Roma, Buenos Aires, Washington e na Missão Permanente e no Escritório do Representante para Assuntos de Desarmamento, ambos em Genebra. Chefiou as representações diplomáticas do Brasil em Managua, Ottawa, Pequim, Viena, Liubliana, Bratislava e Zagreb. É presidente da Organização Não Governamental Conferências Pugwash sobre Ciência e Assuntos Mundiais. Publicou o livro de poesia *Escudo de cristal* (1984) e traduziu dezenas de livros, entre eles, *Três mulheres apaixonadas* (1999), *Pierre de Ronsard, o impenitente sedutor* (2009). Atualmente colabora para algumas revistas e publicações especializadas em assuntos internacionais no Brasil e no exterior.

FRANCESCO PETRARCA

Na Terra e no Céu
84 sonetos de amor para Laura

Seleção, tradução, introdução e cronologia de
SERGIO DUARTE

COMPANHIA DAS LETRAS

Copyright © 2023 by Penguin-Companhia das Letras
Copyright da introdução © 2023 by Sergio de Queiroz Duarte

*Grafia atualizada segundo o Acordo Ortográfico da Língua Portuguesa
de 1990, que entrou em vigor no Brasil em 2009.*

Penguin and the associated logo and trade dress are registered
and/or unregistered trademarks of Penguin Books Limited and/or
Penguin Group (USA) Inc. Used with permission.

Published by Companhia das Letras in association with
Penguin Group (USA) Inc.

PREPARAÇÃO
Maurício Santana Dias
Guilherme Bonvicini

REVISÃO
Erika Nogueira Vieira
Carmen T. S. Costa

Dados Internacionais de Catalogação na Publicação (CIP)
(Câmara Brasileira do Livro, SP, Brasil)

Petrarca, Francesco, 1304-1374.
Na Terra e no Céu / Francesco Petrarca ; tradução Sergio
Duarte. — 1ª ed. — São Paulo: Penguin-Companhia das Letras,
2023.

ISBN 978-85-8285-156-2

1. Poesia italiana I. Título.

23-145770 CDD-851

Índice para catálogo sistemático:
1. Poesia : Literatura italiana 851
Aline Graziele Benitez – Bibliotecária – CRB – 1/3129

Todos os direitos desta edição reservados à
EDITORA SCHWARCZ S.A.
Rua Bandeira Paulista, 702, cj. 32
04532-002 — São Paulo — SP
Telefone (11) 3707-3500
www.penguincompanhia.com.br
www.companhiadasletras.com.br
www.blogdacompanhia.com.br

Sumário

Introdução: Francesco Petrarca e seu amor por Laura —   9
Sergio Duarte

84 SONETOS DE AMOR PARA LAURA   25

Cronologia   195
Índice de primeiros versos   197

Felice sasso che 'l bel viso serra!
ché, poi ch'avrà ripreso il suo bel velo,
se fu beato chi la vide in terra,
or che fia dunque a rivederla in cielo?

Laje feliz, que o lindo rosto encerra!
e uma vez retomado o belo véu,
se foi ditoso quem a viu na Terra
como será revê-la então no Céu?
Francesco Petrarca, *Trionfo dell'Eternità*

Introdução

Francesco Petrarca e seu amor por Laura

SERGIO DUARTE

Já próximo ao final da vida, Francesco Petrarca concluiu a compilação e revisão dos poemas que escrevera ao longo de vários anos, muitos dos quais inspirados pelo amor por uma mulher chamada Laura, juntando-os a outros versos que tratavam de pessoas e acontecimentos de seu tempo. Deu a essa coletânea o título de *Rerum vulgarium fragmenta* — peças esparsas, ou "fragmentos". Apesar do título em latim, língua erudita da época, os poemas nela incluídos foram compostos em vernáculo, o idioma vulgar em sua região natal da Toscana. Posteriormente, a obra passou a ser conhecida como *Canzoniere*.*

O uso do idioma falado na Toscana na obra poética de Petrarca foi decisivo para consolidar as bases do que aos

---

* Os textos em italiano moderno dos poemas transcritos no presente volume figuram na tradução do *Canzoniere* para o inglês publicada em 1996 por Mark Musa, professor de literatura da Universidade de Indiana, nos Estados Unidos, a qual apresenta os poemas originais lado a lado com a tradução em versos livres. Musa, por sua vez, utilizou como base o texto da edição do *Codex. Vat. Lat. 3195* de Ettore Modigliani (1904), à qual o acadêmico norte-americano introduziu algumas alterações ortográficas, embora mantivesse diversas palavras hoje em desuso e formas utilizadas na época, como por exemplo as formas alternativas da conjunção e (*e, ed, et*) adotadas por Petrarca.

poucos ia se tornando a língua italiana moderna, cuja ortografia e gramática haviam começado a se definir no século anterior com Dante Alighieri (1265-1321) e prosseguido com o próprio Petrarca (1304-74) e com Boccaccio (1313-75), também contemporâneo do autor do *Canzoniere*. Deve-se a Pietro Bembo (1470-1547) a codificação e fixação definitiva da língua-padrão da península, para o que muito contribuiu seu tratado literário intitulado *Prose della volgar lingua*, em que Petrarca surge como modelo perfeito da composição poética.

Petrarca também aperfeiçoou e em grande medida fixou as regras do soneto. Apesar das diversas variações formais introduzidas ainda durante o Renascimento, com William Shakespeare (1564-1616) e Edmund Spenser (c. 1552-99) na Inglaterra elisabetana, por exemplo, e até os tempos atuais, o soneto conservou as principais características que o distinguem de outros gêneros poéticos. Ao longo dos séculos, um grande número de poetas se aventurou nas dificuldades de expressar seus sentimentos utilizando a forma rígida de catorze versos, brancos ou rimados, com diferentes esquemas rítmicos, embora predominem os versos de dez ou doze sílabas. No Brasil, os românticos e parnasianos dos séculos XIX e XX foram os principais autores de sonetos. Nos tempos mais recentes, basta lembrar os de Vinicius de Moraes, principalmente aquele verso cujo final traz o desejo de que seu amor, embora não imortal, possa ser "infinito enquanto dure".

Não se conhece a exata origem do soneto, mas muitos atribuem sua invenção a Giacomo da Lentini (c. 1210-c. 1260), poeta da escola siciliana cujo talento foi reconhecido por seus pósteros, inclusive Dante Alighieri. Lentini cultivou, com certas inovações, a tradição feudal do amor cortês — a casta devoção do amante a serviço de sua virtuosa amada, que aparece como figura idealizada e inatingível. Há quem veja em Dante o último grande cultor do amor cortês e em Petrarca o primeiro poeta lírico moder-

INTRODUÇÃO 11

no. Sem dúvida, após o *dolce stil nuovo* de Dante e mais ainda com o humanismo de Petrarca, a mulher amada aos poucos surge descrita em seus atributos físicos tanto quanto morais, enquanto a busca da intimidade começa a ser aceita como nobre e legítima, embora permaneça viva a dicotomia entre amor carnal e pecado, entre sensualidade e culpa. O próprio Petrarca afirma, em uma carta:

> Em minha juventude, lutei constantemente contra uma paixão amorosa avassaladora, porém pura — meu único amor, e teria continuado a lutar se a morte prematura, amarga porém salutar para mim, não tivesse extinguido as chamas da paixão. Certamente gostaria de poder dizer que sempre estive livre dos desejos carnais, mas mentiria se o dissesse.

Essa contradição permeia os poemas do *Canzoniere* e se expressa no contraste entre sentimentos e estados de espírito, entre realidade e fantasia.

Influenciado pela leitura de Santo Agostinho, Petrarca é considerado o pai do humanismo na literatura, abandonando a contemplação do mundo externo privilegiada por seus antecessores e dedicando-se ao exame das emoções individuais do ser humano. Segundo seu próprio testemunho, tendo subido ao cimo do monte Ventoux, nos Alpes, ele abriu um volume das *Confissões de Santo Agostinho*, em que encontrou a seguinte passagem: "E os homens vão admirar a altura das montanhas, as ondas ingentes do mar, as quedas enormes dos rios, a amplidão do oceano, as órbitas das estrelas, mas se esquecem de si mesmos". Pode-se dizer que o personagem central do *Canzoniere* não é Laura, objeto de sua paixão, e sim o próprio poeta — o ser humano — com suas perplexidades, seus sentimentos, desejos e aspirações.

Os 366 poemas que compõem o *Canzoniere* foram escritos e revistos por Petrarca ao longo de toda a sua vida: ao todo 317 sonetos, 29 *canzoni*, nove sextinas, sete baladas e quatro madrigais. Estima-se que o poeta tenha começado a organizar a coletânea dos *Rerum vulgarium fragmenta* por volta de 1347. Na altura de 1356 e até pouco antes da morte dedicou-se ao projeto de rever diversas das composições, com vistas a uma versão definitiva. O arranjo final da sequência, que ele teve o cuidado de assinar para assegurar sua autenticidade, é o resultado dessas inúmeras revisões e alterações, que dão a impressão de que o poeta acreditasse ser possível atingir a perfeição. O poeta italiano Ugo Foscolo (1778-1827) assim descreveu a obra poética do autor do *Canzoniere*: "Justamente porque a poesia de Petrarca brota originalmente do coração, sua paixão jamais parece fictícia ou fria, apesar da profusão de adornos de seu estilo ou da elevação metafísica de suas ideias".

Os sonetos de Petrarca seguem a forma rígida de catorze versos decassílabos divididos em dois quartetos e dois tercetos, com duas rimas naqueles (ABBA-ABBA) e outras duas nestes (CDC-DCD). Em algumas composições ele adotou três rimas nos tercetos (CDE-CDE) e outras variações. Muitos de seus pósteros usaram também essas formas, com pequenas mudanças, durante boa parte do Renascimento, tanto no que hoje é a Itália quanto em outras partes da Europa. Quase duzentos anos depois da morte do poeta, os sonetos de Gaspara Stampa (1523-54), por exemplo, assim como os de outros autores do período, ainda mostram forte influência do *Canzoniere*. O mesmo se pode dizer, embora em menor grau, sobre a obra lírica de Pierre de Ronsard (1524-85), que utilizou em seus sonetos, além do verso decassílabo, também a forma chamada "alexandrina", de doze sílabas, não adotada por Petrarca. Outros poetas, principalmente na parte meridional da Europa, inclusive Camões (*c.* 1524-80), também mostram influência petrarquiana. A estrutura e inspiração de um dos sonetos do maior poeta português derivam claramente do de número CXXXIV de Petrarca. O de Camões se inicia com o

INTRODUÇÃO

verso "Tanto de meu estado me acho incerto", prossegue descrevendo estados de espírito e sentimentos contraditórios e termina com o poeta afirmando acreditar que assim se encontra "só porque vos vi, minha Senhora". O leitor poderá cotejá-lo com o original petrarquiano, que igualmente mostra o contraste dos sentimentos do poeta e diz, ao final: *"in questo stato son, donna, per voi"* [por vossa causa assim estou, Senhora]. Outros sonetos camonianos também revelam nítida influência de Petrarca, como o que se inicia com o verso "Se as penas com que Amor tão mal me trata", e o soneto que começa com o verso "Vós que escutais em rimas derramado" é, na verdade, uma fiel adaptação do soneto de abertura do *Canzoniere*.

Nascido em Arezzo, em 22 de julho de 1304, Francesco Petrarca faleceu um dia antes de completar setenta anos. Sua copiosa obra literária fornece indicações a respeito de sua paixão pelo estudo das letras e de sua obsessão amorosa e contém importantes dados biográficos. Na *Carta à posteridade*, ele próprio nos informa: "Na segunda-feira 22 de julho do ano de 1304, ao nascer da aurora, em um subúrbio de Arezzo chamado L'Horto, nasci no exílio, de pais virtuosos, florentinos de nascimento e de posses que beiravam a pobreza".

Laura, por quem ele aparentemente se apaixonou à primeira vista quando tinha 23 anos, causou-lhe uma fortíssima e duradoura impressão, quase uma obsessão, que o acompanhou durante toda a vida. O soneto de número III do *Canzoniere* recorda o momento em que Petrarca a viu pela primeira vez, durante um ofício religioso em uma Sexta-Feira Santa. A menção ao "sol pálido" no primeiro verso se refere à passagem dos Evangelhos que relata haver o firmamento se escurecido no momento da morte de Jesus na cruz, e a "dor universal" do sétimo verso alude ao sentimento geral de tristeza da Semana Santa, ao qual o poeta assemelha sua própria dor por não ver seu amor correspondido. O soneto de número CCXI menciona o ano, mês, dia e hora em que ele entrou "no labirinto, sem ver saída". Aquele primeiro encontro de fato ocorreu no dia 6 de abril de 1327, na igreja do convento de Santa Clara, em Avignon. A família de Petrarca se transferira para essa cidade, onde ele viveu desde criança e mais tarde trabalhou a serviço do papa Clemente v e do cardeal Giacomo Colonna, de quem se tornou grande amigo, depois de receber ordens eclesiásticas menores,* que lhe assegurariam o sustento durante o resto da vida.

Certamente vítima da "peste negra", doença infecciosa e fatal que frequentemente se abatia sobre as comunidades na Idade Média e não poupava ricos ou pobres, Laura, nascida em 1310, faleceu exatamente 21 anos depois de Petrarca ter se apaixonado ao vê-la — na mesma hora do mesmo dia 6 de abril, já no ano de 1348. O soneto de número cccxxxvi revela a data e hora da morte da amada. Em um exemplar das obras de Virgílio, Petrarca escreveu:

> Laura, conhecida por suas virtudes e celebrada em meus versos, surgiu para mim pela primeira vez durante minha juventude, em 1327, em 6 de abril, na igreja de Santa Clara em Avignon, na primeira hora do dia; e na mesma cidade, no mesmo mês e no mesmo sexto dia, na mesma primeira hora, no ano de 1348, deixou esta vida, quando eu estava em Verona, inconsciente de minha perda [...]. Mas a triste notícia me foi trazida em Parma por meio de uma carta de meu amigo Louis no décimo nono dia do mês seguinte. O belo e casto corpo de Laura foi sepultado no convento dos frades menores, no fim da tarde do próprio dia de sua morte.

---

* Isto é, sem a ordenação final como sacerdote. Por isso, de acordo com os cânones vigentes, Petrarca viveu segundo os costumes seculares, não sendo obrigado ao celibato.

INTRODUÇÃO   15

Em uma parede do convento de Santa Clara, em Avignon, está afixada uma placa com os seguintes dizeres: "No século XIV existiu aqui a igreja de Santa Clara, na qual, na madrugada do dia 6 de abril de 1327, Petrarca concebeu por Laura um amor sublime que tornou ambos imortais".

Outros poemas do *Canzoniere* também registram a fase inicial da paixão platônica de Petrarca e seu prosseguimento durante toda a vida do poeta. Um dos críticos da obra observa que, desde o primeiro soneto, o *Canzoniere* narra "a história exemplar de um fracasso". No primeiro poema da coletânea, provavelmente escrito já durante a maturidade ("quando fui homem que hoje não sou mais") e, segundo alguns autores, depois da morte de Laura, o poeta se penitencia pelo *giovenile errore* que o levara a oscilar constantemente "entre esperança e sofrimento em vão" e se envergonha por sua vaidade, da qual se arrepende, compreendendo finalmente que a felicidade no mundo nada mais é do que "breve sonho". Em vários dos sonetos Petrarca descreve os sedutores atributos físicos de Laura: cabelos dourados, pele clara como o leite, cílios de ébano, lábios carmim, olhos serenos e fisionomia doce; e exalta igualmente suas valiosas qualidades morais: virtude, modéstia, generosidade, gentileza e sabedoria. Seus cabelos louros são descritos com admiração pelo poeta em inúmeros sonetos, como o de número XC, que se inicia com o belo verso *"Erano i capei d'oro a l'aura sparsi"*, aqui traduzido como "Ao vento ondeava a loura cabeleira". O nome de Laura aparece claramente nos poemas de números CCXXV, CCXXXIX, CCXCI e CCXXXII (não incluídos neste livro por não terem a forma de soneto), enquanto em outros, como os de números CXCIV, CXCVI, CXCVII e CXCVIII, é apenas sugerido por meio da locução *l'aura* (vento brando, aragem), com a qual esses poemas se iniciam.* Nos primeiros

---

* Embora em português essa palavra tenha também o sentido de "espécie de halo, algo imaterial que envolve o corpo de uma

sete sonetos do *Canzoniere* o nome Laura surge também em forma de menções a láureas ou à árvore do loureiro (*lauro* em italiano), ou ainda mediante a metáfora da transfiguração de Dafne, ninfa perseguida por Apolo e por este transformada em loureiro. O de número CCXXVIII utiliza a imagem de um loureiro plantado no coração do poeta, enquanto o de número V, não incluído neste livro, contém um acróstico interno em que aparece o nome "Laureta", diminutivo de Laura.

O *Canzoniere*, porém, não fornece indícios precisos a respeito da verdadeira identidade de Laura, e alguns autores ainda duvidam de que ela tenha existido na realidade. Em um dos sonetos o próprio poeta reconhece que a mulher é "mutável por natureza", como se reagisse a críticas de que a figura dela parece demasiadamente variável e volúvel. A maioria dos biógrafos de Petrarca, porém, afirma tratar-se da filha do cavaleiro Audibert de Noves, seis anos mais jovem do que o poeta e casada com o conde Hugues de Sade, com quem teve vários filhos. Em uma carta a seu amigo e patrono Giacomo Colonna, escrita no outono de 1338, Petrarca refuta a insinuação de que ela tivesse sido uma criação de sua imaginação:

> Existe em meu passado uma mulher de alma admirável, conhecida dos seus por sua virtude e sua linhagem antiga, cujo brilho foi celebrado e levado a toda parte por meus versos. Sua sedução natural e sem artifícios e o encanto de sua rara beleza fizeram com que a ela eu entregasse minha alma. Durante dez anos suportei o árduo peso de sua canga sobre minha nuca, conside-

---

pessoa" e pudesse assim ter sido usada na tradução desses poemas, o tradutor preferiu utilizá-la na acepção mais corrente de "brisa", "aragem". De qualquer forma, não seria possível, em português, recriar o nome de Laura por meio do uso do artigo definido *l'* antes de *"aura"*, como em italiano.

INTRODUÇÃO 17

rando indigno que um jugo feminino pudesse me impor tal opressão durante tanto tempo.

Não se conhece, no entanto, manifestação de Colonna que tivesse provocado essa reação de Petrarca.

Alguns dos sonetos do *Canzoniere* dão a perceber que o poeta via Laura em público com certa frequência e que ela provavelmente o conhecia pelo menos de vista, e até mesmo o reconhecia e cumprimentava — ou aparentemente assim ele acreditava. Afinal, Avignon era na época uma cidade pequena e a aristocracia certamente era pouco numerosa. Alguns poemas se referem a locais ou oportunidades em que ambos possam ter se visto, porém nunca em situações de intimidade, como mostram, por exemplo, os sonetos XC, C, CIX, CX, CXI e CXII, que descrevem ocasiões em que Petrarca esteve próximo de Laura e recebeu dela um olhar ou um aceno, que causaram ao poeta extrema alegria e felicidade. Outros poemas se referem mais obliquamente a momentos em que Laura teria dirigido o olhar ao poeta, ou pelo menos em que este acreditou ser o alvo da atenção dela.* Não se sabe se ele jamais tenha confessado diretamente seu amor e talvez nunca o tenha feito, pois não há nos poemas nenhuma indicação a esse respeito e segundo consta Laura certamente foi sempre fiel ao marido. Tampouco se conhecem reações dela — ou do marido — aos sentimentos do poeta. Mesmo após a morte da amada, Petrarca continuou a escrever versos em homenagem a sua memória, em muitos dos quais ela surge idelizada, já consciente de ser o objeto da paixão do poeta e com ele dialoga, mostrando-se disposta a acolhê-lo em sua companhia na vida eterna. Daí o título "Na Terra e no Céu" escolhido para esta coletânea de traduções.

* Essas referências ocorrem nos sonetos IX, LXXXV, CLVI, CLXIX, CLXXIV, CXXXIII e CCCLII.

Muitos críticos dividem o *Canzoniere* em duas partes: a primeira contém os poemas de I a CCLXVI, escritos durante a vida de Laura (*In vita di Madonna Laura*), e a segunda os que foram compostos após sua morte (*In morte di Madonna Laura*), isto é, os de números CCLXVII a CCCLXVI. A partir desse acontecimento, inicialmente antecipado por lúgubres premonições e em seguida dolorosa e angustiantemente previsto e confirmado nos sonetos CCXLIX a CCLI, a figura de Laura se torna cada vez mais etérea e idealizada enquanto o sentimento de perda é sublimado pela certeza de que depois de sua própria morte o poeta voltará a encontrá-la no Céu, de onde o espírito da amada não cessa de chamá-lo. Ao longo do texto do *Canzoniere* diversos poemas nos proporcionam informações importantes, alguns com referências cronológicas que registram o decurso do período entre 1327, quando ele se apaixonou ao ver Laura pela primeira vez, e 1374, ano do falecimento do poeta.

Não se conhecem ligações de Petrarca com outras mulheres, exceto duas, cujos nomes permanecem em completa e absoluta obscuridade e das quais nasceram um filho e uma filha, ambos reconhecidos por ele. O primeiro, Giovanni, morreu de peste em 1361. Aparentemente, a mãe da filha Francesca faleceu logo após o parto. A filha se aproximou do poeta e lhe fez companhia na velhice. O soneto CCLXXI, que começa evocando os 21 anos de duração de seu envolvimento platônico com Laura, dá a entender em seguida que pode ter havido uma nova tentação, talvez já na maturidade, da qual a morte mais uma vez o afastou, ou como ele próprio afirma, libertou-o.

O *Canzoniere* possui certa coerência lógica e temporal, narrando as vicissitudes do amor não correspondido desde o início da paixão do poeta até a morte da amada, em seguida a angústia e a resignação decorrentes da perda irremediável e finalmente sua sublimação na visão da vida eterna. No entanto, não se baseia em um enredo

INTRODUÇÃO 19

definido no tempo; apenas representa um contínuo vagar entre sentimentos e estados de alma opostos e por vezes antagônicos, conforme as situações em que se vê o poeta em determinado momento ou lugar, seja diante da visão de Laura ou sozinho com suas recordações. Um constante diálogo entre razão e imaginação permeia toda a obra sem que uma predomine sobre a outra. Assim, como assinalaram críticos, o *Canzoniere* pode ser descrito como o registro das contradições que o amor sem futuro desperta. O entusiasmo pela arte, pela composição esteticamente perfeita e o deslumbramento com o encanto do sentimento amoroso se alternam com a contemplação e idealização da beleza física e moral do ser amado, embora o amor carnal jamais chegue a ser claramente mencionado e nem mesmo pareça ter sido de todo desejado. No jogo de contrastes característico da lírica pré-renascentista e renascentista — um "querer e não querer", como definiu Camões quase três séculos mais tarde em um de seus sonetos — há um constante duelo entre razão e sentimento. Após a morte, porém, o pecado da carne se torna impossível; de mulher desejada Laura se transforma agora em um doce espírito que vem do Céu ao encontro do poeta a fim de consolá-lo e consolar-se, libertando-o para expressar os ternos e castos sentimentos que em vida jamais pudera e talvez nem sequer ousara manifestar diretamente e permitindo a resignada reconciliação de todas as contradições por meio da espera da própria morte para a união final na eternidade. Estudioso da literatura da Antiguidade greco-romana, Petrarca utilizou em inúmeros de seus poemas a figura mitológica do deus do amor, que ele menciona sempre por seu nome romano *Amor*.

Dentre os 366 poemas constantes do *Canzoniere*, o tradutor escolheu ao todo 84 sonetos que a seu juízo representam bem os sentimentos, as frustrações e os anseios despertados em Petrarca por Laura ao longo da vida e após a morte dela. Ao cotejar os textos originais e as traduções, apresentados lado a lado, o leitor poderá acompanhar a oscilação com que evoluiu o encantamento inicial causado por Laura no coração de Petrarca; o contraste entre os momentos de felicidade quando a evocava ou quando a via, mesmo de longe, e de tristeza e solidão por perceber que seu amor não era correspondido; a esperança de que em algum momento no futuro houvesse reciprocidade a seus sentimentos e a amarga certeza de que isso não seria possível; a dúvida e preocupação ao sabê-la doente, a dor de compreender que a perdera para sempre nesta vida e por fim a idealização de sua glória junto ao Criador no Céu, onde ansiava reunir-se com ela para sempre e de onde esperava que ela viesse chamá-lo para a vida eterna.

O último poema da coletânea, em forma de *canzone*, e por esse motivo não incluído neste volume, é uma longa invocação à Virgem, em cuja estrofe final o poeta suplica que ela o recomende a seu Filho, "verdeiramente homem e verdadeiramente Deus, para que acolha meu espírito enfim em paz".

Ávido leitor, Petrarca acumulou durante a vida uma vasta biblioteca. Foi autor de inúmeras obras, grande parte em latim. Reuniu muitas cartas em dois grandes livros: *Epistolae familiares* e *Epistolae seniles*. *Secretum* é um diálogo imaginário com Santo Agostinho, intensamente pessoal e cheio de sentimentos de culpa; *De viris illustribus* reúne uma série de biografias morais; *Rerum memorandarum libri* é um tratado incompleto sobre as virtudes cardeais; *De otio religiosorum* e *De vita solitaria* abordam a virtude da vida contemplativa; *De remediis utriusque fortunae* se assemelha a um livro de autoajuda e permaneceu popular por muitos anos; *Itinerarium* é um ancestral distante dos guias de viagem, no qual Petrarca narra suas impressões sobre terras e gentes longínquas, inclusive a Terra Santa. Ele produziu também críticas violentas contra intelectuais e religiosos seus adversários e contra a Cúria Romana. Alguns poemas do *Canzoniere* tratam de suas divergências com

INTRODUÇÃO 21

autoridades eclesiáticas e de sua inconformidade com costumes e atitudes da época. Da obra poética mencionam-se também uma coleção de doze poemas com temas pastorais intitulada *Bucolicum carmen*, e o poema épico *Africa*, em homenagem ao herói romano Cipião, o Africano, que ficou inconcluso. Petrarca também publicou muitos volumes de suas cartas, inclusive algumas dirigidas a personagens já mortos em seu tempo, como Cícero e Virgílio. Infelizmente, hoje em dia é difícil encontrar grande parte de suas obras em latim. Tampouco é fácil precisar as datas de seus escritos porque ele os revisava sempre.

Além do *Canzoniere*, a única outra obra de Petrarca em idioma toscano é um breve poema alegórico intitulado *Trionfi* (Triunfos) com início já na maturidade (por volta de 1356) e continuado até a velhice, sem jamais ter atingido uma forma definitiva. A visão do poeta é descrita em seis quadros, utilizando os tercetos (*terza rima*), popularizada por Dante. No primeiro, Triunfo de Amor (*Triumphus Cupidinis*), o poeta adormecido vê aparecer o deus do amor em um carro triunfal, seguido por suas vítimas. Em seguida surgem o Triunfo da Castidade (*Triumphus Pudicitiae*) no qual a virtuosa Laura vence Amor, cercada por todas as heroínas da castidade, embora seja derrotada pela Morte (*Triumphus Mortis*), antes que a glória (*Triumphus Famae*) e o tempo (*Triumphus Temporis*) vençam por seu turno. Finalmente, em *Triumphus Eternitatis*, o homem encontra Deus na vida eterna e o poeta conhece a plenitude do amor ao se reunir com Laura no Céu.

Os sonetos XLVII, CIV e CXXXIV do *Canzoniere* inspiraram ao compositor húngaro Franz Liszt (1811-86) sua obra "Três sonetos de Petrarca", originalmente escrita para piano em forma de canções, cuja letra é constituída pelos textos dos três poemas mencionados.

Ao longo do tempo, vários sonetos do *Canzoniere* foram traduzidos em separado em várias línguas, inclusive o português. Diversos entre seus tradutores empreenderam a tarefa de verter para seus respectivos idiomas todos os 366 poemas que o compõem. Em 1567 veio à luz em Veneza uma tradução parcial do *Canzoniere* em castelhano, assinada por um certo Salomão Usque, cuja identidade é controversa. Em língua inglesa, contam-se mais de duas dezenas de traduções, tanto na Grã-Bretanha quanto nos Estados Unidos. Chaucer, contemporâneo de Petrarca, utilizou partes do *Canzoniere* em um de seus escritos. Mais tarde, Sir Thomas Wyatt e Henry Howard, conde de Surrey, também traduziram trechos da obra na corte de Henrique VIII, seguidos por muitos outros. O professor norte-americano de literatura Mark Musa publicou em 1996 uma tradução completa para o inglês, em versos brancos, acompanhada por comentários e notas explicativas de cada poema. Há pelo menos seis traduções do texto completo em francês, das quais as mais recentes são as de Gérard Genot e Pierre Blanc. O autor deste livro tem conhecimento da existência de três traduções completas do *Canzoniere* em língua portuguesa. Em 2003 a de autoria do lusitano Vasco Graça Moura foi publicada em Lisboa. Jamil Almansur Haddad e José Clemente Pozenato, ambos brasileiros, publicaram suas traduções, respectivamente, em 1993, pela Ediouro, do Rio de Janeiro, e em 2014 em coedição pela Editora da Unicamp e Ateliê Editorial. Na nota introdutória à sua tradução, o Graça Moura escreveu: "Esta pretende ser apenas a tradução de um escritor por outro escritor que não é filólogo, nem especialista, nem classicista, nem italianista".

O tradutor dos sonetos contidos no presente volume tampouco pretende possuir qualquer das competências alinhadas por esse seu antecessor; é apenas um diletante da poesia, admirador da lírica renascentista e amador da língua italiana e da sua própria, além de apreciador da forma clássica do soneto. Neste trabalho buscou sobretudo incorporar nas traduções, quando factível, a maior parte dos elementos do original, sem descuidar da lingua-

INTRODUÇÃO 23

gem poética e procurando, quando possível, utilizar os efeitos de som e de musicalidade proporcionados pela origem comum das línguas italiana e portuguesa. Além disso, preocupou-se constantemente em respeitar com rigor as regras formais do soneto petrarquiano, mantendo a métrica decassilábica e reproduzindo o esquema de rimas utilizado por Petrarca em cada um dos poemas. As limitações impostas pela rigidez formal do soneto não raro acarretaram a necessidade de excluir ou de modificar algumas das imagens e alusões usadas por Petrarca. Por esse motivo nem sempre foi possível manter inteira correspondência ao original. Os erros e as imperfeições dessas traduções devem ser exclusivamente imputados a *difetti d'arte* do próprio tradutor. Embora o resultado não possa ser considerado perfeito, resta-lhe a satisfação de haver percorrido, ao menos em parte, a extraordinária trajetória de um amor que, nascido na Terra, perdura eternamente no Céu.

Belo Horizonte, 2023

84 sonetos de amor
para Laura

De que escola virá o mestre capaz de descrever plenamente o que quero dizer com simples palavras?
Francesco Petrarca, "Triunfo da Fama"

I

Voi ch'ascoltate in rime sparse il suono
di quei sospiri ond'io nudriva 'l core
in sul mio primo giovenile errore
quand'era in parte altr'uom da quel ch'i' sono,
del vario stile in ch'io piango et ragiono
fra le vane speranze e 'l van dolore,
ove sia chi per prova intenda amore,
spero trovar pietà, nonché perdono.
Ma ben veggio or sí come al popol tutto
favola fui gran tempo, onde sovente
di me medesmo meco mi vergogno;
et del mio vaneggiar vergogna è 'l frutto,
e 'l pentersi, e 'l conoscer chiaramente
che quanto piace al mondo è breve sogno.

I

Vós que em rimas esparsas escutais
o som que me embalava o coração
do juvenil engano na ilusão,
quando fui homem que hoje não sou mais,
   dos modos mil com que choro meus ais
entre esperança e sofrimento em vão,
de quem do amor conheça os rituais
espero achar piedade, e até perdão.
   Hoje percebo que a futilidade
me fez alvo de crítica frequente
e disso muitas vezes me envergonho;
   resta-me o pejo por minha vaidade
e arrepender-me, vendo claramente
que a alegria no mundo é breve sonho.

II

Per fare una leggiadra sua vendetta
et punire in un dí ben mille offese,
celatamente Amor l'arco riprese,
come huom ch'a nocer luogo et tempo aspetta.
Era la mia virtute al cor ristretta
per far ivi et ne gli occhi sue difese,
quando 'l colpo mortal là giú discese
ove solea spuntarsi ogni saetta.
Però, turbata nel primiero assalto,
non ebbe tanto né vigor né spazio
che potesse al bisogno prender l'arme,
overo al poggio faticoso et alto
ritrarmi accortamente da lo strazio
del quale oggi vorrebbe, et non pò, aitarme.

II

Amor, por travessura ou por vingança
castigando-me enfim por muita ofensa,
como homem que em armar ciladas pensa
oculto, sobre mim as setas lança.
No coração, ao qual fiz confiança,
e nos olhos, armei minha defensa
quando o golpe mortal fez chaga extensa
onde flecha sem ponta não me alcança.
Porém, tolhida no primeiro assalto,
não encontrou caminho e nem bravura
para lutar contra armas desiguais
ou levar-me a refúgio em lugar alto
onde me protegesse da amargura
da qual não pode resgatar-me mais.

III

Era il giorno ch'al sol si scoloraro
per la pietà del suo factore i rai,
quando i' fui preso, et non me ne guardai,
ché i be' vostr'occhi, donna, mi legaro.
    Tempo non mi parea da far riparo
contra colpi d'Amor: però m'andai
secur, senza sospetto; onde i miei guai
nel commune dolor s'incominciaro.
    Trovommi Amor del tutto disarmato
et aperta la via per gli occhi al core,
che di lagrime son fatti uscio et varco:
    però al mio parer no li fu honore
ferir me de saetta in quello stato,
a voi armata non mostrar pur l'arco.

III

Pálido fez-se o sol naquele dia
pelo martírio de seu Criador,
quando de vossos olhos o fulgor
prendeu-me enquanto descuidado eu ia.
   Dos assaltos de Amor me parecia
estar a salvo, e assim, sem nada opor,
na dor universal vi minha dor
surgir, sem mais suspeita ou rebeldia.
   Pois me encontrou Amor tão desarmado,
pelos olhos chegando ao coração,
de lágrimas já feito filtro e charco,
   que penso foi bem pobre galardão
com setas me ferir naquele estado
e a vós, armada, nem mostrar seu arco.

IV

Que' ch'infinita providentia et arte
mostrò nel suo mirabil magistero,
che criò questo et quell'altro hemispero,
et mansüeto piú Giove che Marte,
 vegnendo in terra a 'lluminar le carte
ch'avean molt'anni già celato il vero,
tolse Giovanni da la rete et Piero,
et nel regno del ciel fece lor parte.
 Di sé nascendo a Roma non fe' gratia,
a Giudea sí, tanto sovr'ogni stato
humiltate exaltar sempre gli piacque;
 ed or di picciol borgo un sol n'à dato,
tal che natura e 'l luogo si ringratia
onde sí bella donna al mondo nacque.

IV

Aquele que infinito engenho e arte
mostrou em seu sublime magistério
criando este e mais outro hemisfério
e Jove fez mais manso do que Marte,
    desceu à Terra, e luz ora reparte
sobre o que foi coberto de mistério,
chamou João e Pedro ao ministério
e do reino dos Céus fê-los ser parte.
    Não quis a Roma honrar ali nascendo,
mas à Judeia, por ter dado outrora
maior valor à condição singela;
    e uma pequena aldeia exalta agora
na qual, à natureza agradecendo,
para o mundo nasceu mulher tão bela.

IX

Quando 'l pianeta che distingue l'ore
ad albergar col Tauro si ritorna,
cade vertú da l'infiammate corna
che veste il mondo de novel colore;
  et non pur quel che s'apre a noi di fore,
le rive e colli, di fioretti adorna,
ma dentro dove già mai non s'aggiorna
gravido fa di sé il terrestro humore,
  onde tal fructo et simile si colga:
così costei, ch'è tra le donne un sole,
in me movendo de' begli occhi i rai
  crïa d'amor penseri, atti e parole;
ma come ch'ella gli governi o volga,
primavera per me pur non è mai.

IX

Quando o astro que das horas é senhor
volta da pausa na constelação
de Touro, vem das guampas um clarão
que o mundo inteiro veste em nova cor;
    e não somente as coisas que ao redor
de nós — rios, colinas — perto estão;
da Terra faz fecundo o úmido chão
de onde se colhe o fruto e nasce a flor.
    Também essa, que é um sol entre as demais,
voltando o olhar aos olhos meus atentos
atos, palavras, sonhos de amor traz;
    mas a vontade dela os rege, e assim
governando sozinha os elementos,
primavera não há mais para mim.

XIII

Quando fra l'altre donne ad ora ad ora
Amor vien nel bel viso di costei,
quanto ciascuna è men bella di lei
tanto cresce 'l desio che m'innamora.
     I' benedico il loco e'l tempo et l'ora
che sí alto miraron gli occhi mei,
et dico: Anima, assai ringratiar dêi
che fosti a tanto honor degnata allora.
     Da lei ti vèn l'amoroso pensero,
che mentre 'l segui al sommo ben t'invia,
pocho prezando quel che ogni huom desia;
     da lei vien l'animosa leggiadria
ch'al ciel ti scorge per destro sentero,
sí ch'i' vo già de la speranza altero.

XIII

Se, em meio a outras, por acaso aflora
o Amor no rosto sedutor daquela
ante quem qualquer outra é menos bela,
mais cresce a tentação que me enamora.
E bendigo o lugar, o tempo e a hora
em que os olhos ergui, buscando a ela;
e digo: Alma, esta graça te revela
dos deuses o favor que tens agora.
Vem dela o pensamento carinhoso
que segues, e ao sublime bem te envia,
pouco prezando o que outro almejaria;
e ao Céu te eleva por segura via
o encanto dela, cálido e animoso;
e assim caminho altivo e esperançoso.

XV

Io mi rivolgo indietro a ciascun passo
col corpo stancho ch'a gran pena porto,
et prendo allor del vostr'aere conforto
che 'l fa gir oltra dicendo: Oimè lasso!
Poi ripensando al dolce ben ch'io lasso,
al camin lungo et al mio viver corto,
fermo le piante sbigottito et smorto,
et gli occhi in terra lagrimando abasso.
Talor m'assale in mezzo a'tristi pianti
un dubbio: come posson queste membra
da lo spirito lor viver lontane?
Ma rispondemi Amor: Non ti rimembra
che questo è privilegio degli amanti,
sciolti da tutte qualitati humane?

XV

Se volto atrás o olhar a cada passo
mal suportando o corpo fatigado,
teu encanto recordo, e confortado
prossigo, desprezando meu cansaço.
Depois, lembrando o doce bem que abraço,
a longa estrada e o tempo limitado,
pálido me detenho, acabrunhado,
abaixo a vista e em pranto me desfaço.
Mas às vezes, em meio ao pranto triste,
duvido: como podem, na verdade,
alma e membros viverem tão distantes?
Responde Amor, porém: Nisso consiste
o maior privilégio dos amantes,
livres de toda qualidade humana.

XVII

Piovonmi amare lagrime dal viso
con un vento angoscioso di sospiri,
quando in voi adven che gli occhi giri
per cui sola dal mondo son diviso.
Vero è che 'l dolce mansüeto riso
pur acqueta gli ardenti miei desiri,
et mi sottragge al foco de' martiri,
mentr'io son a mirarvi intento e fiso.
Ma gli spiriti miei s'agghiaccian poi
ch'i' veggio al departir gli atti soavi
torcer da me le mie fatali stelle.
Largata alfin co l'amorose chiavi
l'anima esce del cor per seguir voi;
et con molto pensiero indi si svelle.

XVII

Escorre por meu rosto amargo pranto
por suspiros de angústia acompanhado
quando acaso, do mundo distanciado
por tua causa, o olhar a ti levanto.
Porém teu riso doce e delicado
acalma meu ardor como acalanto
fazendo-me esquecer a mágoa, enquanto
fico a mirar-te, atento e deslumbrado.
Depois, me volta a gélida aflição
quando te vais, e teu vulto suave
de mim se afasta, para meu tormento.
Liberta, enfim, por amorosa chave
para seguir-te, a alma do coração
foge, nas asas de meu pensamento.

XX

Vergognando talor ch'ancor si taccia,
donna, per me vostra bellezza in rima,
ricorro al tempo ch'i' vi vidi prima,
tal che null'altra fia mai che mi piaccia.
    Ma trovo peso non da le mie braccia,
né ovra da polir colla mia lima:
però l'ingegno che sua forza extima
ne l'operatïon tutto s'agghiaccia.
    Piú volte già per dir le labbra apersi,
poi rimase la voce in mezzo 'l pecto:
ma qual sòn poria mai salir tant'alto?
    Piú volta incominciai di scriver versi:
ma la penna et la mano et l'intellecto
rimaser vinti nel primier assalto.

XX

Por não saber cantar envergonhado,
mulher, vossa beleza em minha rima,
recordo o tempo da primeira estima
tanto que de outras mais já não me agrado.
  Do esforço meu não vejo resultado
nem obras tenho, as quais polir com lima,
e meu engenho, que por brio prima,
vê todo o seu arrojo congelado.
  Meus lábios muitas vezes descerrei,
mas no meu peito a voz calou-se, em vão:
como elevar um som qualquer tão alto?
  Mil vezes muitos versos comecei,
mas o intelecto, a pena e minha mão
foram vencidos no primeiro assalto.

XXI

Mille fiate, o dolce mia guerrera,
per aver co' begli occhi vostri pace
v'aggio proferto il cor; mâ voi non piace
mirar sí basso colla mente altera.
    Et se di lui fors'altra donna spera,
vive in speranza debile et fallace:
mio, perché sdegno ciò ch'a voi dispiace,
esser non può già mai cosí com'era.
    Or s'io lo scaccio, et e' non trova in voi
ne l'exilio infelice alcun soccorso,
né sa star sol, né gire ov'altri il chiama,
    poria smarrire il suo natural corso:
che grave colpa fia d'ambeduo noi,
et tanto piú de voi, quanto piú v'ama.

XXI

Mil vezes ofertei, doce guerreira,
para fazer a paz com vosso olhar
meu coração, mas não quereis mirar
assim tão baixo com mente altaneira.
    Se houver mulher que dele estima queira,
enganosa esperança há de encontrar,
pois desprezo o que a vós não agradar
e ele não será meu de igual maneira.
    Mas se eu o expulsar, e algum recurso
em vós não vir no exílio e nem depois
na solidão, nem ele ouça quem chama,

    bem poderá desviar-se de seu curso;
grave culpa será para nós dois,
porém mais vossa, porque mais vos ama.

XXXV

Solo et pensoso i piú deserti campi
vo mesurando a passi tardi e lenti,
et gli occhi porto per fuggire intenti
ove vestigio human l'arena stampi.
Altro schermo no trovo che mi scampi
dal manifesto accorger de le genti,
perché negli atti d'alegrezza spenti
di fuor si legge com'io dentro avampi:
sí ch'io mi credo omai che monti et piagge
et fiumi et selve sappian di che tempre
sia la mia vita, ch'è celata altrui.
Ma pur sí aspre vie né sí selvagge
cercar non so ch'Amor non venga sempre
ragionando con meco, et io co llui.

XXXV

Os mais desertos campos, pensativo
e só, percorro em passo grave e lento
fugindo ao mundo, de olhar sempre atento
a algum vestígio humano ou de ser vivo.
Das multidões de que me afasto e esquivo,
dessa maneira busco o isolamento,
mesmo no riso mostro o sofrimento
e n'alma escondo a mágoa em que hoje vivo.
Sabem de minha vida a mais bravia
floresta, ou rio, ou dura e agreste brenha,
a oculta marca que em meu peito abrigo.
Mas não sei como rude e áspera via
achar, por onde Amor logo não venha
seus argumentos discutir comigo.

XXXVI

S'io credesse per morte essere scarco
del pensiero amoroso che m'atterra,
colle mie mani avrei già posto in terra
queste mie membra noiose, et quello incarco;
   ma perch'io temo che sarrebbe un varco
di pianto in pianto, et d'una in altra guerra,
di qua dal passo anchor che mi si serra
mezzo rimango, lasso, et mezzo il varco.
   Tempo ben fôra omai d'avere spinto
l'ultimo stral la dispietata corda
ne l'altrui sangue già bagnato et tinto;
   et io ne prego Amore, et quella sorda
che mi lassò de' suoi color' depinto,
et di chiamarmi a sé non le ricorda.

XXXVI

Se pela morte eu fosse libertado
do amoroso desejo que me aterra,
meu corpo e sua triste carga à Terra
com minhas mãos teria já deitado.
    Mas por temer que assim seja lançado
de pranto em pranto, e de uma a outra guerra,
do passo decisivo, que se cerra,
deixo ficar-me ainda deste lado.
    Tempo era já que a flecha derradeira
o arco feroz viesse enfim lançar
banhada e tinta em sangue alheio inteira.
    A Amor, e àquela surda hei de implorar,
que a marca em mim gravou desta maneira
porém não pensa nunca em me chamar.

LXI

Benedetto sia 'l giorno, et 'l mese, et l'anno,
et la stagione, e 'l tempo, et l'ora, e 'l punto,
e 'l bel paese, e 'l loco ov'io fui giunto
da'duo begli occhi che legato m'ànno;
    et benedetto il primo dolce affanno
ch'i' ebbi ad esser con Amor congiunto,
et l'arco, et le saette ond'i' fui punto,
et le piaghe che 'nfin al cor mi vanno.
    Benedette le voci tante ch'io
chiamando il nome de mia donna ò sparte,
e i sospiri, et le lagrime, e 'l desio;
    et benedette sian tutte carte
ov'io fama l'acquisto, e 'l pensier mio,
ch'è sol di lei, sí ch'altra non v'à parte.

LXI

Bendito seja o ano, o mês e o dia,
o tempo, a hora, o instante, e a estação
em que esses olhos vi primeiro, e o chão
onde essa luz prendeu-me e me alumia;
    bendita essa dulcíssima agonia
que sofri, quando Amor tomou-me a mão,
e as chagas que me abriu no coração
quando com arco e flechas me feria.
    Benditas vozes, com que aos ventos eu
louvando a amada em versos espalhei
suspiros, ânsias e o desejo meu;
    benditos os papéis onde guardei
meu pensamento e a fama que colheu
só para ela, e que a outras não dei.

LXV

Lasso, che mal accorto fui da prima
nel giorno ch'a ferir mi venne Amore,
ch'a passo a passo è poi fatto signore
de la mia vita, et posto in su la cima.

Io non credea per forza di sua lima
che punto di fermezza o di valore
mancasse mai ne l'indurato core;
ma cosí va, chi sopra 'l ver s'estima.

Da ora inanzi ogni difesa è tarda,
altra che di provar s'assai o poco
questi preghi mortali Amore sguarda.

Non prego già, né puote aver piú loco,
che mesuratamente il mio cor arda,
ma che sua parte abbia costei del foco.

LXV

Mal me dei conta quando de repente
um dia a me ferir chegou-se Amor
e aos poucos fez-se o único senhor
de minha vida, e mestre onipotente.
Meu duro coração mais resistente
à sua sedução ousei supor;
mas isso ocorre a quem superior
a seu real valor se estima e sente.
Senão para provar se Amor desdenha
ou não meus rogos, sei bem que defesa
não haverá qualquer que me convenha.
Não pedirei, nem posso ter certeza,
que moderado o ardor meu se mantenha,
mas que arda ela também na chama acesa.

LXXIV

Io son già stanco di pensar sí come
i miei pensier' in voi stanchi non sono,
et come vita anchor non abbandono
per fuggir de' sospir' sí gravi some;

et come a dir del viso et de le chiome
et de' begli occhi, ond'io sempre ragiono,
non è mancata omai la lingua e 'l suono
dí e notte chiamando il vostro nome;

et che' pie' non son fiaccati et lassi
a seguir l'orme vostre in ogni parte
perdendo inutilmente tanti passi;

et onde vien l'enchiostro, onde le carte
ch'i' vo empiendo di voi: se 'n ciò fallassi,
colpa d'Amor, non già defecto d'arte.

LXXIV

Cansei-me de cismar por que motivo
não se cansa de ti meu pensamento,
e nem por que, fugindo a meu tormento,
desta vida madrasta não me privo;

e por que de teus olhos sou cativo,
e mais lisonja de teu rosto invento,
sem que falte jamais língua e talento
pois que teu nome repetindo eu vivo;

não sei por que meus pés não têm cansaço
e em teu encalço vão por toda parte
perdendo inutilmente tantos passos;

e por que escrevo, para celebrar-te
com tinta no papel: se aí fracasso,
culpa é de Amor, e não defeito d'arte.

LXXV

I begli occhi ond'i' fui percosso in guisa
ch'e' medesmi porian saldar la piaga,
et non già vertú d'erbe, o d'arte maga,
o di pietra dal mar nostro divisa,
    m'ànno la via sí d'altro amor precisa,
ch'un sol dolce penser l'anima appaga;
et se la lingua di seguirlo è vaga,
la scorta pò, non ella, esser derisa.
    Questi son que' begli occhi che l'imprese
del mio signor victorïose fanno
in ogni parte, et piú sovra 'l mio fianco;
    questi son que' begli occhi che mi stanno
sempre nel cor colle faville accese,
per ch'io di lor parlando non mi stanco.

LXXV

Feriu-me aquele olhar de tal maneira
que ele somente curaria a chaga,
e não por obra de ervas e arte maga
ou de pedra marinha feiticeira;
    a um outro amor cerrou a derradeira
via por onde este estro meu divaga;
e se a segui-lo a língua é lenta e vaga,
culpa é do guia e não da língua inteira.
    Olhos que fazem o vitorioso feito
de meu senhor mais nobre e o coração
de orgulho pulsar forte sem descanso.
    São olhos que comigo sempre estão
e que acendem fagulhas em meu peito,
pois que de falar deles não me canso.

LXXVI

Amor con sue promesse lusingando
mi ricondusse a la prigione antica,
e die' le chiavi a quella mia nemica
ch'anchor me di me stesso tene in bando.
    Non me n'avidi, lasso, se non quando
fui in lor forza; et or con gran fatica
(chi 'l crederà perché giurando i' 'l dica?)
in libertà ritorno sospirando.
    Et come vero pregioniero afflicto
de le catene mie gran parte porto,
e 'l cor ne gli occhi et ne la fronte ò scritto.
    Quando sarai del mio colore accorto,
dirai: S'i' guardo et giudico ben dritto,
questi avea poco andare ad esser morto.

LXXVI

Com suas vãs promessas me acenando,
Amor levou-me à prisão minha antiga
e deu da cela a chave à inimiga
que de mim mesmo segue me afastando.
Eu nada percebi, senão já quando
me vi cativo; e com grande fadiga
(quem me há de crer, mesmo que em jura o diga?)
em liberdade sigo suspirando.
E como prisioneiro penitente,
de meus grilhões sofrendo o desconforto,
no olhar revelo o coração e a mente;
e quem me vir dirá, com ar absorto:
"De tão pálido, a este, certamente,
bem pouco faltará para estar morto".

LXXXV

Io amai sempre, et amo forte anchora,
et son per amar piú di giorno in giorno
quel dolce loco, ove piangendo torno
spesse fiate, quando Amor m'accora.

Et son fermo d'amare il tempo et l'ora
ch'ogni vil cura mi levâr d'intorno;
et più colei, lo cui bel viso adorno
di ben far co' suoi exempli m'innamora.

Ma chi pensò veder mai tutti insieme
per assalirmi il core, or quindi or quinci,
questi dolci nemici, ch'i' tant'amo?

Amor, con quanto sforzo oggi mi vinci!
Et se non ch'al desio cresce la speme,
i' cadrei morto, ove più viver bramo.

LXXXV

Eu sempre amei, e amo ainda bastante
e hei de ainda mais amar, dia após dia,
esse lugar onde chorando eu ia
a consolar meu coração de amante.
Amo também o tempo, a hora distante
que a alma cansada às vezes alivia
e o belo rosto que meus passos guia
e em seus exemplos mais me faz confiante.
Nunca pensei ver juntos, como vejo,
para atacar meu coração assim
inimigos gentis, que não receio.
Com quanto esforço, Amor, venceste enfim!
E se a esperança faz crescer desejo,
morrerei quando mais viver anseio.

LXXXIX

Fuggendo la pregione ove Amor m'ebbe
molt'anni a far di me quel ch'a lui parve,
donne mie, lungo fôra ricontarve
quanto la nova libertà m'increbbe.

Diceami il cor che per sé non saprebbe
viver un giorno; et poi tra via m'apparve
quel traditore in sí mentite larve
che piú saggio di me inganato avrebbe.

Onde piú volte sospirando indietro
dissi: Ohimè, il giogo et le catene e i ceppi
eran piú dolci che l'andare sciolto.

Misero me, che tardo il mio mal seppi;
et con quanta faticha oggi mi spetro
de l'errore, ov'io stesso m'era involto!

LXXXIX

Por anos fez-me Amor seu prisioneiro
fazendo o que de mim lhe parecia,
penoso fardo para mim seria
dizer que falta faz-me o cativeiro.
Meu pobre coração não saberia
viver assim sozinho um dia inteiro
e de repente surge esse embusteiro
que outro mais cauto que eu iludiria.
E recordando meu passado incerto
digo: "Esse jugo é mais doce, afinal,
que a liberdade que por fim senti".
Pobre de mim, que tarde vi meu mal;
tanto me esforço mas não me liberto
desse engano em que eu mesmo me envolvi.

XC

Erano i capei d'oro a l'aura sparsi
che 'n mille dolci nodi gli avolgea,
e 'l vago lume oltra misura ardea
di quei begli occhi, ch'or ne son sí scarsi;
  e 'l viso di pietosi color' farsi,
non so se vero o falso, mi parea:
i' che l'ésca amorosa al petto avea,
qual meraviglia se di súbito arsi?
  Non era l'andar suo cosa mortale,
ma d'angelica forma; et le parole
sonavan altro, che pur voce humana.
  Uno spirto celeste, un vivo sole
fu quel ch'i' vidi: et se non fosse or tale,
piagha per allentar d'arco non sana.

XC

Ao vento ondeava a loura cabeleira
em mil suaves laços se enroscando,
dos belos olhos vinha um fogo brando
que hoje não arde da mesma maneira;
    no rosto um ar de pena (verdadeira
ou falsa, já não sei) ia aflorando,
a isca em meu peito, já de amor queimando,
fez sem surpresa arder uma fogueira.
    Era angélico o andar e delicado
o som que enchia o ar naquele instante,
não era humana aquela voz tão pura:
    uma aragem celeste, um sol radiante
foi tudo quanto vi; mesmo afrouxado
o arco, a chaga aberta não tem cura.

XCIII

Più volte Amor m'avea già detto: Scrivi,
scrivi quel che vedesti in lettre d'oro,
sí come i miei seguaci discoloro,
e 'n un momento gli fo morti et vivi.
   Un tempo fu che 'n te stesso 'l sentivi,
volgare exemplo a l'amoroso choro;
poi di man mi ti tolse altro lavoro;
ma già ti raggiuns'io mentre fuggivi.
   E se' begli occhi, ond'io me ti mostrai
et là dov' era il mio dolce ridutto
quando ti ruppi al cor tanta durezza,
   mi rendon l'arco ch'ogni cosa spezza,
forse non avrai sempre il viso asciutto:
ch'i' mi pasco di lagrime, et tu 'l sai.

XCIII

"Escreve em letras de ouro", ordena Amor,
"tudo o que viste; a quem comigo lida
num só momento trago morte ou vida
e facilmente lhes transformo a cor.
Da turba por meu canto seduzida
tu mesmo um dia foste seguidor,
de outros zelos de ti fiz desertor
mas te alcancei na fuga interrompida.
Os belos olhos que mostrei, porém,
e que encontraste em meu doce reduto
quando rompi teu duro coração,
    e meu arco, que nunca fere em vão,
não deixarão jamais teu rosto enxuto:
de lágrimas me nutro, sabes bem."

XCVII

Ahi bella libertà, come tu m'ài,
partendoti da me, mostrato quale
era 'l mio stato, quando il primo strale
fece la piagha ond'io non guerrò mai!
Gli occhi invaghiro allor sí de' lor guai,
che 'l fren de la ragione ivi non vale,
perch'ànno a schifo ogni opera mortale:
lasso, così da prima gli avezzai!
Né mi lece ascoltar chi non ragiona
de la mia morte; et solo del suo nome
vo empiendo l'aere, che sí dolce sona.
Amor in altra parte non mi sprona,
né i pie' sanno altra via, né le man' come
lodar si possa in carte altra persona.

XCVII

A doce liberdade, ao se afastar
de mim, me revelou de fato qual
era o destino meu, quando a fatal
seta feriu, que nunca hei de curar.
E tanto o olhar amou seu próprio mal
que nem mesmo a razão pode evitar
— mas desde o início em vão quis avisar!
porque despreza tudo o que é mortal.
Tampouco quero ouvir quem se condoa
de meu estado, e o nome dela então
repito ao vento e mais doce ressoa;
por essa estrada Amor me impele à toa,
outra via não sei, nem minha mão
sabe louvar em verso outra pessoa.

C

Quella fenestra ove l'un sol si vede,
quando a lui piace, et l'altro in su la nona;
et quella dove l'aere freddo suona
ne' brevi giorni, quando borrea 'l fiede;

e 'l sasso, ove a' gran dí pensosa siede
madonna, et sola seco si ragiona,
con quanti luoghi sua bella persona
coprí mai d'ombra, o disegnò col piede;

e 'l fiero passo ove m'agiunse Amore;
e lla nova stagion che d'anno in anno
mi rinfresca in quel dí l'antiche piaghe;

e 'l volto, et le parole che mi stanno
altamente confitte in mezzo 'l core,
fanno le luci mie di pianger vaghe.

C

O sol que vi brilhar nessa janela
a seu prazer, e um novo ao meio-dia,
e a outra, onde sibila a aragem fria,
quando Bóreas traz vento que enregela,
    a pedra, onde sentada a sós, aquela
senhora minha recordar eu via
lugares que com a sombra ela cobria
ou que seus pés pisavam com cautela,
    o caminho onde Amor tomou-me a mão,
cada nova estação, que de repente
me traz de volta minha antiga mágoa,
    e as palavras e o rosto, firmemente
gravados dentro de meu coração —
tudo isso faz meus olhos rasos d'água.

CIX

Lasso, quante fiate Amor m'assale,
che fra la notte e 'l dí son piú di mille,
torno dov'arder vidi le faville
che 'l foco del mio cor fanno immortale.
    Ivi m'acqueto; et son condotto a tale,
ch'a nona, a vespro, a l'alba et a le squille
le trovo nel pensier tanto tranquille
che di null'altro mi rimembra o cale.
    L'aura soave che dal chiaro viso
move col suon de le parole accorte
per far dolce sereno ovunque spira,
    quasi un spirto gentil di paradiso
sempre in quell'aere par che mi conforte,
sí che 'l cor lasso altrove non respira.

CIX

Amor me assalta de maneira tal
mais de mil vezes, seja noite ou dia,
que volto sempre onde a fagulha ardia
e que em meu coração fez-se imortal.
    Ali me acalmo e ali me vejo igual
a quando n'alba, à tarde e ao meio-dia,
em meu sonho tranquilo antes a via
e não me agrada o bem nem fere o mal.
    À aragem suave de seu belo viso
o som de doce voz faz-me escutar
a música que os sonhos meus inspira
    como um anjo gentil do paraíso
que ali conforta; mas noutro lugar
o coração cansado não respira.

CX

Persequendomi Amor al luogo usato,
ristretto in guisa d'uom ch'aspetta guerra,
che si provede, e i passi intorno serra,
de' miei antichi pensier' mi stava armato.

Volsimi, et vidi un'ombra che da lato
stampava il sole, et riconobbi in terra
quella che, se 'l giudicio mio non erra,
era piú degna d'immortale stato.

I' dicea fra mio cor: Perché paventi?
Ma non fu prima dentro il penser giunto
che i raggi, ov'io mi struggo, eran presenti.

Come col balenar tona in un punto,
cosí fu' io de' begli occhi lucenti
et d'un dolce saluto inseme aggiunto.

CX

Amor seguiu-me ao ponto acostumado
e eu, cauto, como alguém que espera guerra
e se prepara e em volta os passos cerra,
de antigos pensamentos fiz-me armado.
Voltei-me, e ao ver a sombra que a meu lado
tapava o sol, reconheci na Terra
aquela que se o senso meu não erra
era mais digna de imortal estado.
"Não tenhas medo", disse ao coração,
mas tão logo me vi calmo e sereno
ouvi ressoar o estrondo do trovão
e me atingiu qual raio o peito em pleno
daqueles belos olhos o clarão
ao qual veio juntar-se um doce aceno.

CXI

La donna che 'l mio cor nel viso porta,
là dove sol fra bei pensier' d'amore
sedea, m'apparve; et io per farle honore
mossi con fronte reverente et smorta.
Tosto che del mio stato fussi accorta,
a me si volse in sí novo colore
ch'avrebbe a Giove nel maggior furore
tolto l'arme di mano, et l'ira morta.
I' mi riscossi; et ella oltra, parlando,
passò, che la parola i' non soffersi,
né 'l dolce sfavillar degli occhi suoi.
Or mi ritrovo pien di sí diversi
piaceri, in quel saluto ripensando,
che duol non sento, né sentí' ma' poi.

CXI

Essa mulher que traz meu coração
no rosto, me surgiu quando eu de amor
a sós cismava, e fiz em seu louvor
pálida e reverente saudação.

E ao ver-me assim naquela condição
a mim voltou-se, mas com tal calor
que de Jove abrandar pode o furor
e as armas retirar de sua mão.

Estremeci, e ela passou, falando,
sem deixar que crescesse meu tormento
pelas fagulhas que em seus olhos vi.

E foi tão grande o meu contentamento
que agora, aquele aceno recordando,
dor já não sinto e nem depois senti.

CXII

Sennuccio,* i' vo' che sapi in qual manera
tractato sono, et qual vita è la mia:
ardomi et struggo anchor com'io solia;
l'aura mi volve, et son pur quel ch'im'era.

Qui tutta humile, et qui la vidi altera,
or aspra, or piana, or dispietata, or pia;
or vestirsi honestate, or leggiadria,
or mansüeta, or disdegnosa et fera.

Qui cantò dolcemente, et qui s'assise;
qui si rivolse, et qui rattenne il passo;
qui co' begli occhi mi trafisse il core;

qui disse una parola, et qui sorrise;
qui cangiò 'l viso. In questi pensier', lasso,
nocte et dí tiemmi il signor nostro Amore.

---

* Sennuccio del Bene (*c.* 1270-1349), poeta florentino a quem
Petrarca dedicou vários poemas.

CXII

Amigo, te direi de que maneira
me estão tratando, e a vida que me é dada:
gela e me abrasa como habituada,
e a brisa traz-me a forma costumeira.
    Ora modesta a vejo, ora altaneira,
áspera, amável, justa ou despiedada,
às vezes desdenhosa, ora aplacada,
mais ponderada agora, ou mais ligeira.
    Sentada ali, cantava docemente,
aqui voltou-se, em passos bem mais lentos,
e seu olhar, além, me encheu de ardor;
    aqui falou-me, ali sorriu contente,
logo esquivou-se; e nesses pensamentos
noite e dia mantém-me o mestre Amor.

CXXIV

Amor, Fortuna et la mia mente, schiva
di quel che vede e nel passato volta,
m'affligon sí, ch'io porto alcuna volta
invidia a quei che son su l'altra riva.

Amor mi strugge 'l cor, Fortuna il priva
d'ogni conforto, onde la mente stolta
s'adira et piange: et cosí in pena molta
sempre conven che combattendo viva.

Né spero i dolci dí tornino indietro,
ma pur di male in peggio quel ch'avanza;
et di mio corso ò già passato 'l mezzo.

Lasso, non di diamante, ma d'un vetro
veggio di man cadermi ogni speranza,
et tutti miei pensier' romper nel mezzo.

CXXIV

O Amor, a Sorte, e a mente que se esquiva
do que está vendo, e que ao passado volta,
tanta aflição me dão, que por revolta
invejo quem habita a oposta riva.
O Amor me fere, e a Sorte ainda me priva
de alívio; a mente estulta se revolta,
e num laço de dor que não se solta
faz-se mister que combatendo eu viva.
Não espero que volte o bem distante,
e sim os males, quando o tempo avança;
já de meu curso em meio vão meus passos.
Como se fossem vidro, e não diamante,
cai-me das mãos ao chão minha esperança,
e os pensamentos rompem-se em pedaços.

CXXXI

Io canterei d'amor sí novamente
ch'al duro fiancho il dí mille sospiri
trarrei per forza, et mille alti desiri
raccenderei ne la gelata mente;
 e 'l bel viso vedrei cangiar sovente,
et bagnar gli occhi, et piú pietosi giri
far, come suol chi de gli altrui martiri
et del suo error quando non val si pente;
 et le rose vermiglie in fra le neve
mover da l'òra, et discovrir l'avorio
che fa di marmo chi da presso 'l guarda;
 e tutto quel per che nel viver breve
non rincresco a me stesso, anzi mi glorio
d'esser servato a la stagion piú tarda.

CXXXI

De mil maneiras novas cantarei
o amor; ao coração indiferente
trarei suspiros; na gelada mente
desejos mil de novo acenderei;
    nos olhos dela lágrimas verei;
seu rosto há de espelhar frequentemente
as emoções de quem remorsos sente
pelos muitos martírios que penei;
    rosas vermelhas surgirão da neve,
em mármore descubro o que em marfim
aos olhos de quem vê se transfigura;
    nada lamento em minha vida breve,
porém me orgulho, por ter sido assim
predestinado a uma sazão futura.

CXXXII

S'amor non è, che dunque è quel ch'io sento?
Ma s'egli è amor, perdio, che cosa et quale?
Se bona, onde l'effecto aspro mortale?
Se ria, onde sí dolce ogni tormento?
  S'a mia voglia ardo, onde 'l pianto e lamento?
S'a mal mio grado, il lamentar che vale?
O viva morte, o dilectoso male,
come puoi tanto in me, s'io no 'l consento?
  Et s'io 'l consento, a gran torto mi doglio.
Fra sí contrari vènti in frale barca
mi trovo in alto mar senza governo,
  sí lieve di saver, d'error sí carca
ch'i' medesmo non so quel ch'io mi voglio,
et tremo a mezza state, ardendo il verno.

CXXXII

Se amor não é, o que é meu sentimento?
Mas se é amor, por Deus, será real?
Se é bom, por que tem força assim fatal?
Se é mau, por que tão doce é seu tormento?
    Se quero arder, por que choro e lamento?
Se não, de que chorar vale, afinal?
Ó morte em vida, ó prazeroso mal
que cresce em mim sem meu consentimento.
    Mas se consinto, em grande dor me vejo.
Contra o vento navego em frágil barco
sem leme no alto-mar, tão sem governo,
    vazio de saber, de razão parco,
que eu mesmo não sei bem o que desejo:
gelo em pleno verão e ardo no inverno.

CXXXIII

Amor m'à posto come segno a strale,
come al sol neve, come cera al foco,
et come nebbia al vento; et son già roco,
donna, mercé chiamando, et voi non cale.

Da gli occhi vostri uscío 'l colpo mortale,
contra cui non mi val tempo né loco;
da voi sola procede, et parvi un gioco,
il sole e 'l foco e 'l vento ond'io son tale.

I pensier' son saette, e 'l viso un sole,
e 'l desir foco; e 'nseme con quest'arme
mi punge Amor, m'abbaglia et mi distrugge;

et l'angelico canto et le parole,
col dolce spirto ond'io non posso aitarmi,
son l'aura inanzi a cui mia vita fugge.

CXXXIII

Alvo de suas flechas fez-me Amor
qual cera ao fogo, e como a bruma ao vento
ou neve ao sol; já rouco me lamento,
peço piedade e vão é o meu clamor.
De teu olhar o golpe destruidor
contra o qual não resisto um só momento
partiu; trouxeste por divertimento
o sol, o fogo, o vento e a minha dor.
Teu pensamento é seta, o teu semblante
é um sol; arde o desejo; co' armas tais
Amor me ofusca e mais cresce a ferida;
vozes e cânticos angelicais
e o doce alento, meu pobre ajudante,
são brisa frente à qual me foge a vida.

CXXXIV

Pace non trovo, et non ò da far guerra;
e temo, et spero; et ardo, et son un ghiaccio;
et volo sopra 'l cielo, et giaccio in terra;
et nulla stringo, et tutto 'l mondo abbraccio.

Tal m'à in pregion, che non m'apre né serra,
né per suo mi riten né scioglie il laccio;
et non m'ancide Amore, et non mi sferra,
né mi vuol vivo, né mi trae d'impaccio.

Veggio senza occhi, et non ò lingua et grido;
et bramo di perir, et cheggio aita;
et ò in odio me stesso, et amo altrui.

Pascomi di dolor, piangendo rido;
egualmente mi spiace morte et vita:
in questo stato son, donna, per voi.

CXXXIV

Não tenho paz nem posso fazer guerra,
espero e temo, gelo e ardor me faço;
jazendo em terra solto-me no espaço;
nada tocando, abraço toda a Terra.
Em prisão que não se abre e não se cerra
quem me prendeu me livra e aperta o laço;
sem me matar, Amor me oprime e encerra,
nem me quer vivo e nem afrouxa o abraço.
Sem olhos vejo, sem ter língua grito,
querendo perecer suplico ajuda,
a mim odeio e a outrem amo agora.
De dor me nutro, choro e rio aflito,
em morte ou vida meu humor não muda:
por vossa causa assim estou, senhora.

CXL

Amor, che nel penser mio vive et regna
e 'l suo seggio maggior nel mio cor tene,
talor armato ne la fronte vène,
ivi si loca, et ivi pon sua insegna.
    Quella ch'amare et sofferir ne 'nsegna
e vòl che 'l gran desio, l'accesa spene,
ragion, vergogna et reverenza affrene,
di nostro ardir fra se stessa si sdegna.
    Onde Amor paventoso fugge al core,
lasciando ogni sua impresa, et piange, et trema;
ivi s'asconde, et non appar piú fore.
    Che poss'io far, temendo il mio signore,
se non star seco infin a l'ora extrema?
Ché bel fin fa chi ben amando more.

CXL

Amor, que vive e reina em minha mente,
e abrigo encontra no meu coração,
armado, em minha fronte seu pendão
vem desfraldar às vezes, de repente.
E aquela que sofrer e amar somente
ensina, diz irada que a razão,
o pudor e o recato, servirão
de freio à chama do desejo ardente.
Por isso, amedrontado, treme e chora
Amor, e seu projeto abandonando,
no coração se esconde sem demora;
e eu sigo meu senhor, mesmo até quando
chegar por fim a derradeira hora,
pois é belo, afinal, morrer amando.

CXLIV

Né così bello il sol già mai levarsi
quando 'l ciel fosse piú de nebbia scarco,
né dopo pioggia vidi 'l celeste arco
per l'aere in color' tanti varïarsi,

in quanti fiammeggiando trasformarsi,
nel dí ch'io presi l'amoroso incarco,
quel viso al quale, et son nel mio dir parco,
nulla cosa mortal pote aguagliarsi.

I' vidi Amor che ' begli occhi volgea
soave sí, ch'ogni altra vista oscura
da indi in qua m'incominciò apparere.

Sennuccio, i' 'l vidi, et l'arco che tendea,
tal che mia vita poi non fu secura,
et è sí vaga ancor del rivedere.

CXLIV

Nunca tão belo o sol vi levantar-se
mesmo quando o ar mais puro parecia,
e nem depois da chuva vi de dia
o arco-íris de tanta cor pintar-se,
    como no dia em que vi transformar-se
quando aceitei do amor a tirania
o rosto, e aqui não mente a poesia,
ao qual nada mortal pode igualar-se.
    Vi Amor, que belos olhos me voltava,
tão ternamente, que outra vista escura
passou a parecer-me desde então;
    vi o arco e as setas que me preparava;
minha vida jamais senti segura,
e sem cessar procuro essa visão.

CLI

Non d'atra et tempestosa onda marina
fuggío in porto già mai stanco nocchiero,
com'io dal fosco et torbido pensero
fuggo ove 'l gran desio mi sprona e 'nchina.
Né mortal vista mai luce divina
vinse, come la mia quel raggio altero
del bel dolce soave bianco et nero,
in che i suoi strali Amor dora et affina.
Cieco non già, ma pharetrato il veggio;
nudo, se non quanto vergogna il vela;
garzon con ali: non pinto, ma vivo.
Indi mi mostra quel ch'a molti cela,
ch'a parte a parte entro a' begli occhi leggo
quant'io parlo d'Amore, et quant'io scrivo.

CLI

Jamais voltou de escura tempestade
ao porto, fatigado, um timoneiro,
como eu de meu cismar fosco e agoureiro
quando o desejo me domina e invade.
     E nem de luz divina a claridade
olhos mortais cegou, como o altaneiro
raio de um claro-escuro feiticeiro
com que as flechas Amor doura à vontade.
     Cego não sou, mas vejo-o com receio
alado e nu, embora um véu ostente:
mas vivo, e não no quadro de um pintor.
     Ele mostra o que oculta a muita gente,
letra por letra em belos olhos leio
tudo o que falo e escrevo sobre Amor.

CLVI

I' vidi in terra angelici costumi
et celesti bellezze al mondo sole,
tal che di rimembrar mi giova et dole,
ché quant'io miro par sogni, ombre et fumi;
    et vidi lagrimar que' duo bei lumi,
ch'àn fatto mille volte invidia al sole;
et udí' sospirando dir parole
che farian gire i monti et stare i fiumi.
    Amor, Senno, Valor, Pietate, et Doglia
facean piangendo un piú dolce concento
d'ogni altro che nel mondo udir si soglia;
    ed era il cielo a l'armonia sí intento
che non se vedea in ramo mover foglia,
tanta dolcezza avea pien l'aere e 'l vento.

CLVI

A graça angelical na Terra eu via
e a beleza celeste, aqui sem par;
prazer e dor sentindo ao recordar
entre meus sonhos na névoa sombria.
  Lágrimas vi surgir naquele olhar
de brilho tal que inveja ao sol faria;
e voz ouvi que montes moveria,
capaz de um rio em seu curso estancar.
  Da queixa uma harmonia se espalhava,
de Amor, Virtude, Pena e Desalento,
mais do que em todo o mundo se escutava.
  E de tal forma o Céu se fez atento,
que nem uma só folha balançava,
tanto era doce o ar e suave o vento.

CLVII

Quel sempre acerbo et honorato giorno
mandò sí al cor l'imagine sua viva
che 'ngegno o stil non fia mai che 'l descriva,
ma spesso a lui co la memoria torno.
    L'atto d'ogni gentil pietate adorno,
e 'l dolce amaro lamentar ch'i' udiva,
facean dubbiar, se mortal donna o diva
fosse che 'l ciel rasserenava intorno.
    La testa òr fino, et calda neve il volto,
hebeno i cigli, et gli occhi eran due stelle,
onde Amor l'arco non tendeva in fallo;
    perle et rose vermiglie, ove l'accolto
dolor formava ardenti voci et belle;
fiamma i sospir', le lagrime cristallo.

CLVII

Aquele dia amargo e tão lembrado
no coração deixou-me imagem viva
que desde então permaneceu cativa
e na memória evoco de bom grado.
Seu gesto de doçura era adornado
por agridoce voz que ouvi, furtiva,
que não sei bem se de mortal ou diva,
e o Céu se fez mais claro, e serenado.
Cabelos de ouro, ardente neve o rosto,
cílios de ébano, e os olhos como estrelas
de onde Amor apontava o arco fatal;
em pérola e carmim algum desgosto
vi semioculto entre palavras belas;
chamas no peito, e em lágrimas cristal.

CLXIV

Or che 'l ciel et la terra e 'l vento tace
et le fere e gli augelli il sonno affrena,
Notte il carro stellato in giro mena
et nel suo letto il mar senz'onda giace,

    vegghio, penso, ardo, piango; et chi mi sface
sempre m'è inanzi per mia dolce pena:
guerra è 'l mio stato, d'ira et di duol piena,
et sol di lei pensando ò qualche pace.

    Cosí sol d'una chiara fonte viva
move 'l dolce et l'amaro ond'io mi pasco;
una man sola mi risana et punge;

    e perché 'l mio martir non giunga a riva,
mille volte il dí moro e mille nasco,
tanto da la salute mia son lunge.

CLXIV

Se calma ao Céu e à Terra o vento traz,
e o sono as aves e animais serena,
em seu carro estrelado surge em cena
a Noite, e o mar sem ondas calmo jaz,
velo, ardo e choro, e revejo quem faz
com que eu sofra de tanta doce pena:
combato guerra de ira e de dor plena
mas só pensando nela encontro a paz.
Uma só clara fonte me ilumina,
e de agridoce fruto me alimento;
a mesma mão que fere cura adiante;
mas como o meu martírio não termina,
mil vezes morro e nova vida intento,
tanto de meu conforto estou distante.

CLXVIII

Amor mi manda quel dolce pensero
che secretario anticho è fra noi due,
et mi conforta, et dice che non fue
mai come or presto a quel ch'io bramo et spero.

Io, che talor menzogna et talor vero
ò ritrovato le parole sue,
non so s'i' 'l creda, et vivomi intra due,
né sí né no nel cor mi sona intero.

In questa passa 'l tempo, et ne lo specchio
mi veggio andar ver' la stagion contraria
a sua impromessa, et a la mia speranza.

Or sia che pò: già sol io non invecchio;
già per etate il mio desir non varia;
ben temo il viver breve che n'avanza.

CLXVIII

Amor me manda um doce pensamento
pois entre nós é antigo confidente,
que me consola e diz que certamente
bem perto estou do sonho que acalento.

Eu, que a suas palavras vivo atento,
não sei se diz toda a verdade ou mente,
creio e não creio, sinto-me impotente,
nem o sim nem o não trazem-me alento.

O tempo passa, e quando me olho ao espelho,
no sentido contrário andar me vejo
da vã promessa e minha fé modesta.

Que seja assim: se vou ficando velho,
a idade não altera o meu desejo,
mas temo o breve tempo que me resta.

CLXIX

Pien d'un vago penser che me desvia
da tutti gli altri, et fammi al mondo ir solo,
ad or ed ora a me stesso m'involo
pur lei cercando che fuggir devria;
    et veggiola passar sí dolce et ria
che l'alma trema per levarsi a volo,
tal d'armati sospir' conduce stuolo
questa bella d'Amor nemica, et mia.
    Ben s'i' non erro di pietate un raggio
scorgo fra 'l nubiloso, altero ciglio,
che 'n parte rasserena il cor doglioso:
    allor raccolgo l'alma, et poi ch'i' aggio
di scovrirle il mio mal preso consiglio,
tanto gli ò a dir, che 'ncominciar non oso.

CLXIX

Um doce pensamento me desvia
de todos, solitário me tornando,
de mim mesmo me afasto, procurando
aquela que evitar mais deveria.
Mas ao vê-la tão doce e fugidia
a alma estremece e ao Céu vai-se elevando
pois tem de meus desejos o comando
minha, e de Amor, essa inimiga fria.
E julgo ver, de pena, refletido,
um raio semioculto sob o manto
dos cílios, que traz calma ao peito ansioso;
    e quando me reponho, decidido
a revelar meu mal, vejo que tanto
tenho a dizer, que começar não ouso.

CLXXI

Giunto m'à Amor fra belle et crude braccia,
che m'ancidono a torto; et s'io mi doglio,
doppia 'l martir; onde pur, com'io soglio,
il meglio è ch'io mi mora amando, et taccia:
    ché poria questa il Ren qualor piú agghiaccia
arder con gli occhi, et rompre ogni aspro scoglio;
et à sí egual a le bellezze orgoglio,
che di piacer altrui par che le spiaccia.
    Nulla posso levar io per mi' 'ngegno
del bel diamante, ond'ell'à il cor sí duro;
l'altro è d'un marmo che si mova et spiri:
    ned ella a me per tutto 'l suo disdegno
torrà già mai, né per sembiante oscuro,
le mie speranze, e i miei dolci sospiri.

CLXXI

Amor me acorrentou a cruéis braços
que me matam sem pena, e se me queixo
em dobro sofro, e assim calo e me deixo
morrer amando com meus tristes passos.

Gelado rio pode ela em pedaços
romper só com o olhar, ou duro seixo,
sua beleza e orgulho, por desleixo
provocam sem piedade meus fracassos.

Seu coração quis lapidar, porém
que o diamante ele é tão duro, ou mais,
e o resto é mármore que anda e respira;

mas por maior que seja o seu desdém
ela não há de destruir jamais
a esperança que em mim vive e suspira.

CLXXIV

Fera stella (se 'l cielo à forza in noi
quant'alcun crede) fu sotto ch'io nacqui,
et fera cuna, dove nato giacqui,
et fera terra, ove' pie' mossi poi;
    et fera donna, che con gli occhi suoi,
et con l'arco a cui sol per segno piacqui,
fe' la piaga onde, Amor, teco non tacqui,
che con quell'arme risaldar la pôi.
    Ma tu prendi a diletto i dolor' miei:
ella non già, perché non son piú duri,
e 'l colpo è di saetta, et non di spiedo.
    Pur mi consola che languir per lei
meglio è, che gioir d'altra; et tu me 'l giuri
per l'orato tuo strale, et io tel credo.

CLXXIV

Cruel estrela sob a qual nasci
(se os Céus tanto poder têm sobre nós),
cruel o berço onde dormi a sós,
Terra cruel na qual meus pés movi;
    cruel mulher — Amor, só o digo a ti —
que com o olhar abriu-me chaga atroz
quando o alvo fui de teu dardo feroz
de que em teu próprio arco a cura vi.
    Zombas de minha mágoa e minha dor
mas ela não, porque não são mais duras,
e por seta, e não lança, fui ferido.
    Sei que sofrer por ela ainda é melhor
que alegrar-me por outra, e sei que juras
por tuas setas de ouro, e eu não duvido.

CLXXXII

Amor, che 'ncende il cor d'ardente zelo,
di gelata paura il tèn constretto,
et qual sia piú, fa dubbio a l'intellecto,
la speranza o 'l temor, la fiamma o 'l gielo.

Trem'al piú caldo, ard'al piú freddo cielo,
sempre pien di desire et di sospetto,
pur come donna in un vestire schietto
celi un huom vivo, o sotto un picciol velo.

Di queste pene è mia propia la prima,
arder dí et notte; et quanto è 'l dolce male
né 'n penser cape, nonche 'n versi o 'n rima;

l'altra non già: ché 'l mio bel foco è tale
ch'ogni uom pareggia; et del suo lume in cima
chi volar pensa, indarno spiega l'ale.

CLXXXII

Amor, que inflama o coração de zelo,
de gélido temor o tem rendido;
de qual seja mais forte ainda duvido,
o medo ou a esperança, a chama ou o gelo.
No calor tiritando, ardo em regelo,
sempre em ânsia e suspeitas consumido,
tal como de mulher véu ou vestido
um homem cobrir pode, ou escondê-lo.
Mas dessas penas, a que mais lastima
é dia e noite arder-me o coração
com prazer que não cabe em verso ou rima,
e não a outra: o fogo da paixão
todos invejam, mas quem dele acima
voar pretende, as asas abre em vão.

CLXXXIII

Se 'l dolce sguardo di costei m'ancide,
et le soavi parolette accorte,
et s'Amor sopra me la fa sí forte
sol quando parla, over quando sorride,
    lasso, che fia, se forse ella divide,
o per mia colpa o per malvagia sorte,
gli occhi suoi da Mercé, sí che di morte,
là dove or m'assicura, allor mi sfide?
    Però s'i' tremo, et vo col cor gelato,
qualor veggio cangiata sua figura,
questo temer d'antiche prove è nato.
    Femina è cosa mobil per natura:
ond'io so ben ch'un amoroso stato
in cor di donna picciol tempo dura.

CLXXXIII

Quer me torture com seu doce olhar
ou com suaves palavras me conforte,
Amor, que me domina, a faz mais forte
somente por sorrir-me ou por falar;
  mas se a doçura acaso se afastar
dos olhos dela, por malvada sorte
ou culpa minha, nesse caso a morte
de minhas ilusões toma o lugar.
  Tremo, e pressinto o coração gelado
quando seu rosto muda de figura;
de antiga prova esse temor é nado:
  a fêmea é caprichosa por natura,
sei muito bem que o amoroso estado
num peito de mulher bem pouco dura.

CXCIV

L'aura gentil, che rasserena i poggi
destando i fior' per questo ombroso bosco,
al soave suo spirto riconosco,
per cui conven che 'n pena e 'n fama poggi.

Per ritrovar ove 'l cor lasso appoggi,
fuggo dal mi' natio dolce aere tosco;
per far lume al penser torbido et fosco,
cerco 'l mio sole et spero vederlo oggi.

Nel qual provo dolcezze tante et tali
ch'Amor per forza a lui mi riconduce;
poi sí m'abbaglia che 'l fuggir m'è tardo.

I' chiedrei a scampar, non arme, anzi ali;
ma perir mi dà 'l ciel per questa luce,
ché da lunge mi struggo et da presso ardo.

CXCIV

Gentil aragem que os montes serena
flores trazendo ao bosque umbroso e espesso,
por seu suave sopro reconheço
o dom que fama trouxe à minha pena.
Para o lugar de onde o repouso acena
fujo da Terra que viu meu começo;
evito as más lembranças que conheço
e de meu sol espero a luz amena.
Sua doçura é tanta, e tão sem par,
que Amor à força a ele me conduz
e tanto ofusca que não me liberto.
Peço asas, armas não, para escapar;
mas o Céu faz com que por essa luz
eu sofra se estou longe e arda se perto.

CXCVI

L'aura serena che fra verdi fronde
mormorando a ferir nel volto viemme,
fammi risovenir quand'Amor diemme
le prime piaghe, sí dolci profonde;
    e 'l bel viso veder, ch'altri m'asconde,
che sdegno o gelosia celato tiemme;
et le chiome or avolte in perle e 'n gemme,
allora sciolte, et sovra òr terso bionde:
    le quali ella spargea sí dolcemente,
et raccogliea con sí leggiadri modi,
che ripensando ancor trema la mente;
    torsele il tempo poi in piú saldi nodi,
et strinse 'l cor d'un laccio sí possente,
che Morte sola fia ch'indi lo snodi.

CXCVI

Essa tranquila brisa que murmura
nas folhas e de encontro vem-me ao rosto
lembra as primeiras chagas e o desgosto
tão doce que Amor trouxe com ternura;
    mostra a face, ou o que a mim ela procura
ocultar por desprezo, ciúme ou gosto,
e o dourado cabelo, à brisa exposto,
mais que o ouro refulge, áurea moldura
    que ela deixa ondear graciosamente
e recolhe depois, para amarrar,
fazendo estremecer meu corpo e mente;
    e em nó mais forte vem logo enredar
meu coração, com laço tão potente
que só a Morte pode desatar.

CXCVIII

L'aura soave al sole spiega et vibra
l'auro ch'Amor di sua man fila et tesse
là da' begli occhi, et de le chiome stesse
lega 'l cor lasso, e i lievi spirti cribra.

Non ò medolla in osso, o sangue in fibra,
ch'i' non senta tremar, pur ch'i' m'apresse
dove è chi morte et vita insieme, spesse
volte, in frale bilancia appende et libra,

vedendo ardere i lumi ond'io m'accendo,
et folgorare i nodi ond'io son preso,
or su l'omero dextro et or sul manco.

I' nol posso ridir, ché nol comprendo:
da ta' due luci è l'intellecto offeso,
et di tanta dolcezza oppresso et stanco.

CXCVIII

Suave brisa ao sol solta a ligeira
trama dourada que com sua mão
Amor teceu, e que meu coração
prendeu aos olhos dela e à cabeleira.
Sangue e ossos vibram, mas de tal maneira
que resistir não posso à sedução
dessa que é morte e vida, e pesa em tão
frágil balança minha sina inteira.
Vejo-me arder na luz de seu olhar
vendo o novelo de ouro de repente
cobrir um ombro e o outro, desatado.
Não sei dizer, nem sei como explicar,
com tanto brilho que me ofusca a mente
e por tanta doçura aniquilado.

CCIV

Anima, che diverse cose tante
vedi, odi et leggi, et parli et scrivi et pensi;
occhi miei vaghi, et tu, fra li altri sensi,
che scorgi al cor l'alte parole sante:

per quanto non vorreste o poscia od ante
esser giunti al camin che sí mal tiensi,
per non trovarvi i duo bei lumi accensi,
né l'orme impresse de l'amate piante?

Or con sí chiara luce, et con tai segni,
errar non dêsi in quel breve vïaggio,
che ne pò far d'etterno albergo degni.

Sfòrzati al cielo, o mio stancho coraggio,
per la nebbia entro de' suoi dolci sdegni,
seguendo i passi honesti e 'l divo raggio.

CCIV

Minh'alma, que diversas coisas tantas
ouve, vê, fala, pensa, lê e escreve;
meu vago olhar, e o ouvido meu, que deve
levar ao coração palavras santas:
talvez tivessem desejado quantas
vezes seguir a estrada em passo breve
ou antes, ou depois que nela esteve
impressa a marca das amadas plantas.
Tendo ante ti tão límpido sinal
vai, coração, persegue a tua sina
e busca o Céu para teu lar final;
mesmo cansado, avança entre a neblina
de seu doce desdém, para meu mal,
seguindo a trilha honesta e a luz divina.

CCXI

Voglia mi sprona, Amor mi guida et scorge,
Piacer mi tira, Usanza mi trasporta,
Speranza mi lusinga et riconforta
et la man destra al cor già stanco porge;
    e 'l misero la prende, et non s'accorge
di nostra cieca et disleale scorta:
regnano i sensi, et la ragion è morta;
de l'un vago desio l'altro risorge.
    Vertute, Honor, Bellezza, atto gentile,
dolci parole ai be' rami m'àn giunto
ove soavemente il cor s'invesca.
    Mille trecento ventisette, a punto
su l'ora prima, il dí sesto d'aprile,
nel laberinto intrai, né veggio ond'esca.

CCXI

Vontade é o que me impele, Amor me guia,
Prazer me arrasta, o Uso me transporta,
a Esperança me acena e reconforta
e a mão direita ao coração confia;
    e este, sofrendo, a toma e não se importa
se desleal e cega é a nossa guia:
cada desejo outro desejo amplia;
reina o deleite e a sensatez é morta.
    Virtude, Honra e Beleza, um ar gentil
e vozes doces: em tão belo engano
suavemente a alma se vê colhida.
    Mil trezentos e vinte e sete é o ano,
em que na hora primeira, em seis de abril,
no labirinto entrei, sem ver saída.

CCXIII

Grazie ch'a pochi il ciel largo destina:
rara vertú, non già d'umana gente,
sotto biondi capei canuta mente,
e 'n humil donna alta beltà divina;

   leggiadria singulare et pellegrina,
e 'l cantar che ne l'anima si sente,
l'andar celeste, e 'l vago spirto ardente,
ch'ogni dur rompe et ogni altezza inchina;

   e que' belli occhi che i cor' fanno smalti,
possenti a rischiarar abisso et notti,
et tôrre l'alme a' corpi, et darle altrui;

   col dir pien d'intellecti dolci et alti,
co i sospiri soave-mente rotti:
da questi magi transformato fui.

CCXIII

Dons que a poucos o largo Céu destina:
virtude que é negada a muita gente,
sob o louro cabelo arguta mente,
em singela mulher graça divina;
  singular formosura peregrina,
canto que em seu recesso a alma mais sente,
porte celeste, natureza ardente,
que a dureza conquista e o orgulho mina;
  um belo olhar que ofusca o coração,
que aclara o abismo e a noite negra e fria
roubando a alma ao corpo, a outros dado;
  na fala, lucidez, senso e razão
e um suave suspirar — pela magia
de tantos feiticeiros fui tocado.

CCXVI

Tutto 'l dí piango; et poi la notte, quando
prendon riposo i miseri mortali,
trovomi in pianto, et raddoppiarsi i mali:
cosí spendo 'l mio tempo lagrimando.

In tristo humor vo li occhi comsumando,
e 'l cor in doglia; et son fra li animali
l'ultimo, sí che li amorosi strali
mi tengon ad ogni or di pace in bando.

Lasso, che pur da l'un a l'altro sole,
et da l'una ombra a l'altra, ò già 'l piú corso
di questa morte, che si chiama vita.

Piú l'altrui fallo che 'l mi' mal mi dole:
ché Pietà viva, e 'l mio fido soccorso,
vèdem' arder nel foco, et non m'aita.

CCXVI

O dia inteiro eu choro, e à noite, quando
vão descansar os míseros mortais,
vejo-me em pranto a redobrar meus ais,
e assim passo meu tempo lamentando.
  Em triste humor os olhos meus gastando
sigo com minha dor; dos animais
sou o mais vil; flechas de Amor fatais
para sempre da paz vão me afastando.
  Assim passei de um dia a outro dia,
de noite em noite, já mais da metade
da vida, que chamar-se morte pode!
  Mais que meu mal, a ausência me angustia
do socorro fiel, que, sem Piedade,
vendo-me arder em fogo não me acode.

CCXX

Onde tolse Amor l'oro, et di qual vena,
per far due trecce bionde? e 'n quali spine
colse le rose, e 'n qual piaggia le brine
tenere et fresche, et die' lor polso et lena?
   onde le perle, in ch'ei frange et affrena
dolci parole, honeste et pellegrine?
onde tante bellezze, et sí divine,
di quella fronte, piú che 'l ciel serena?
   Da quali angeli mosse, et di qual spera,
quel celeste cantar che mi disface
sí che m'avanza omai da disfar poco?
   Di qual sol nacque l'alma luce altera
di que' belli occhi ond'io ò guerra et pace,
che mi cuocono il cor in ghiaccio e 'n fuoco?

CCXX

Onde achou ouro Amor, de que jazida
para essas tranças louras? que espinheiro
fez brotar rosas, e de que terreiro
trouxe o orvalho que lhes deu força e vida?
  e de onde veio a pérola escondida
nesse falar tão doce e verdadeiro?
de onde o encanto divino e feiticeiro
do semblante, que à calma me convida?
  De que anjos, de que sonhos, de que esfera
veio o cantar que meu vigor desfaz
e contra o qual resisto, embora em vão?
  De que sol nasce a luz de primavera
do belo olhar que me dá guerra e paz
e me abrasa e enregela o coração?

CCXXVIII

Amor co la man dextra il lato manco
m'aperse, e piantòvi entro in mezzo 'l core
un lauro verde, sí che di colore
ogni smeraldo avria ben vinto et stanco.

Vomer di pena, con sospir' del fianco,
e 'l piover giú dalli occhi un dolce humore
l'addornâr sì, che'al ciel n'andò l'odore,
qual non so già se d'altre frondi unquanco.

Fama, Honor et Vertute et Leggiadria,
casta bellezza in habito celeste
son le radici de la nobil pianta.

Tal la mi trovo al petto, ove ch'i' sia,
felice incarco; et con preghiere honeste
l'adoro e 'nchino come cosa santa.

CCXXVIII

Com a mão destra abriu-me o flanco Amor
do lado esquerdo, e no meu coração
plantou verde loureiro; seu clarão
a esmeralda ofuscou, tão viva a cor.
    O sulco aberto, a queixa de meu flanco
e dos meus olhos a úmida vazão
tanto o adornam, que ao Céu subiu do chão
seu singular aroma embriagador.
    Honra, Fama, Virtude e Dignidade
casta beleza em manto celestial
são as raízes dessa nobre planta.
    Trago-a no peito, a qualquer tempo e idade
bendito fardo, que em prece leal
venero e adoro como coisa santa.

CCXXX

I' piansi, or canto, ché 'l celeste lume
quel vivo sole alli occhi miei non cela,
nel qual honesto Amor chiaro revela
sua dolce forza et suo santo costume;
    onde e' suol trar di lagrime tal fiume,
per accorciar del mio viver la tela,
che non pur ponte o guado o remi o vela,
ma scampar non potienmi ale né piume.
    Sí profondo era et di sí larga vena
il pianger mio et sí lunge la riva,
ch'i' v'aggiungeva col penser a pena.
    Non lauro o palma, ma tranquilla oliva
Pietà mi manda, e 'l tempo rasserena,
e 'l pianto asciuga, et vuol anchor ch'i' viva.

CCXXX

Antes chorava, mas agora canto
o sol que não me esconde, e sim revela
por dom de Amor, a luz que me vem dela
com doce alento de um costume santo.

De lágrimas um rio fez meu pranto,
para encurtar da vida minha a tela,
que nem ponte, nem vau, remo, asa ou vela
nem plumas, para fuga servem tanto.

Tão profunda e serena é a nascente
das lágrimas, que agora ando à deriva
e a ela chego com cismar somente.

Louro nem palma, e sim tranquila oliva
me traz Piedade, e acalma minha pena,
enxuga o pranto e faz que ainda eu viva.

CCXXXV

Lasso, Amor mi trasporta ov'io non voglio,
et ben m'accorgo che 'l dever si varcha,
onde, a chi nel mio cor siede monarcha,
sono importuno assai piú ch'i' non soglio;
  né mai saggio nocchier guardò da scoglio
nave di merci precïose carcha,
quant'io sempre la debile mia barcha
da le percosse del suo duro orgoglio.
  Ma lagrimosa pioggia et fieri vènti
d'infiniti sospiri or l'ànno spinta,
ch'è nel mio mare horribil notte et verno,
  ov'altrui noie, a sé doglie et tormenti
porta, et non altro, già da l'onde vinta,
disarmata di vele et di governo.

CCXXXV

Leva-me Amor onde ir eu não queria
e a meu dever minha atenção é parca;
a quem de minha vida hoje é monarca
é importuna a minha companhia.

Como o marujo que a nave desvia
do escolho, quando carga rica embarca,
também eu guardo minha frágil barca
de seu orgulho e indiferença fria.

Mas por chuva de lágrimas e ventos
de infinitos suspiros impelida
ao mar sinistro onde há só noite e inverno,

leva em seu bojo apenas meus tormentos,
vencida pelas ondas, desprovida
de suas velas, sem leme e governo.

CCXLIX

Qual paura ò, quando mi torna a mente
quel giorno ch'i' lasciai grave et pensosa
madonna, e 'l mio cor seco! et non è cosa
che sí volentier pensi, et sí sovente.
  I' la riveggio starsi humilemente
tra belle donne, a guisa d'una rosa
tra minor' fior', né lieta né dogliosa,
come chi teme, et altro mal non sente.
  Deposta avea l'usata leggiadria,
le perle et le ghirlande et i panni allegri,
e 'l riso e 'l canto e 'l parlar dolce humano.
  Cosí in dubbio lasciai la vita mia:
or tristi auguri, et sogni et penser' negri
mi dànno assalto, et piaccia a Dio che 'nvano

CCXLIX

Grande é meu medo se me volta à mente
o dia em que a vi grave e silenciosa,
e com ela minh'alma temerosa
de algum sinistro mal pouco frequente.
   Revejo-a quando estava humildemente
junto a mulheres belas, como rosa
entre flores, nem leda nem ansiosa,
como quem cisma e outro temor não sente.
   De alegres cores já não se vestia,
fitas e pérolas deixara ao vento
e a fala e o canto, e o riso brincalhão.
   Presa me vi de dúvida sombria;
triste presságio, negro pensamento
hoje me invade, e peço a Deus que em vão!

CCLI

O misera et horribil visïone!
È dunque ver che 'nnanzi tempo spenta
sia l'alma luce che suol far contenta
mia vita in pene et in speranze bone?

Ma come è che sí gran romor non sone
per altri messi, et per lei stessa il senta?
Or già Dio et Natura nol consenta,
et falsa sia mia trista opinïone.

A me pur giova di sperare anchora
la dolce vista del bel viso adorno,
che me mantene, e 'l secol nostro honora.

Se per salir a l'eterno soggiorno
uscita è pur del bel' albergo fora,
prego non tardi il mio ultimo giorno.

CCLI

Como é sinistra e triste essa visão!
Será verdade que precocemente
foi-se essa doce luz, que tão contente
fez de esperança e fé meu coração?
     Por que por outras vozes, porém não
por ela própria, eu ouço esse insistente
rumor, e Deus piedoso não consente
que meus temores sejam sem razão?
     Muito ainda espero que o destino amigo
do belo rosto a luz que me alumia
por largo tempo deixe estar comigo;
     porém, se ao reino eterno o fado a envia,
deixando aqui seu doce e belo abrigo,
que a mim não tarde o derradeiro dia.

CCLII

In dubbio di mio stato, or piango or canto,
et temo et spero; et in sospiri e 'n rime
sfogo il mio incarco: Amor tutte sue lime
usa sopra 'l mio core, afflicto tanto.

Or fia già mai che quel bel viso santo
renda a quest'occhi le lor luci prime
(lasso, non so che di me stesso estime)?
o li condanni a sempiterno pianto;

et per prender il ciel, debito a lui,
non curi che si sia di loro in terra,
di ch'egli è il sole, et non veggiono altrui?

In tal paura e 'n sí perpetua guerra
vivo ch'i' non son piú quel che già fui,
qual chi per via dubbiosa teme et erra.

CCLII

No meu incerto estado, ou choro ou canto
e tremo de esperança; suspirando
em versos, vou meu fardo carregando
com que Amor sem cessar me aflige tanto.
    Talvez traga esse rosto amado e santo
lume a meus olhos, que hoje estão chorando
(pode ser que eu mereça um gesto brando)
ou que os condene a triste e eterno pranto;
    e por ser digna da celeste esfera
talvez ela não saiba que na Terra
seu vulto é o sol que sobre outros impera.
    Com medo vivo, em tão perpétua guerra
como quem segue, sem ser mais o que era,
e em duvidosa via teme e erra.

CCLIV

I' pur ascolto, et non odo novella
de la dolce et amata mia nemica,
né so ch'i' me ne pensi o ch'i' mi dica,
sí 'l cor tema et speranza mi puntella.

Nocque ad alcuna già l'esser sí bella;
questa piú d'altra è bella et piú pudica:
forse vuol Dio tal di vertute amica
tôrre a la terra, e 'n ciel farne una stella;

anzi un sole: et se questo è, la mia vita,
i miei corti riposi e i lunghi affanni
son giunti al fine. O dura dipartita,

perché lontan m'ài fatto da' miei danni?
La mia favola breve è già compita,
et fornito il mio tempo a mezzo gli anni.

CCLIV

Não recebo, por mais que esteja atento,
notícia dessa tão doce inimiga,
não sei mais o que pense ou que me diga,
de temor e esperança me alimento.
Talvez cause a beleza sofrimento
a outras, mas a ela não castiga
Deus; por ser casta e da virtude amiga
dela estrela fará no firmamento
ou mesmo um sol. Em minha vida, enfim,
a pena é longa e o alívio passageiro,
por que a ausência da paz me afasta assim?
Minha breve existência ao derradeiro
ponto chegou; hoje cumprindo vim
na metade da vida o curso inteiro.

CCLV

La sera desïare, odiar l'aurora
soglion questi tranquilli et lieti amanti;
a me doppia la sera et doglia et pianti,
la matina è per me piú felice hora:

ché spesso in un momento apron allora
l'un sole et l'altro quasi duo levanti,
di beltade et di lume sí sembianti,
ch'anco il ciel de la terra s'innamora;

come già fece allor che' primi rami
verdeggiar, che nel cor radice m'ànno,
per cui sempre altrui piú che me stesso ami.

Cosí di me due contrarie hore fanno;
et chi m'acqueta è ben ragion ch'i' brami,
et tema et odî chi m'adduce affanno.

CCLV

Amar a noite e detestar a aurora
é o costume dos plácidos amantes;
em mim, à noite as dores são constantes
e a madrugada é a desejada hora,
    pois surgem no horizonte, sem demora
um sol e um outro, como dois levantes,
de beleza e de lume semelhantes
que o próprio Céu da Terra se enamora;
    assim foi quando o primo verde ramo
no coração brotou, tempos atrás,
e a outrem, mais que a mim, agora eu amo.
    A hora oposta inverso efeito faz:
a que me acalma, eu com prazer reclamo,
e temo e odeio a que aflição me traz.

CCLXV

Aspro core et selvaggio, et cruda voglia
in dolce, humile, angelica figura,
se l'impreso rigor gran tempo dura,
avran di me poco honorata spoglia;
 ché quando nasce et mor fior, herba et foglia,
quando è 'l dí chiaro, et quando è notte oscura,
piango ad ognor: ben ò di mia ventura,
di madonna et d'Amore onde mi doglia.
 Vivo sol di speranza, rimembrando
che poco humor già per continua prova
consumar vidi marmi et pietre salde.
 Non è sí duro cor che, lagrimando,
pregando, amando, talor non si smova,
né sí freddo voler, che non si scalde.

CCLXV

Áspero coração, cruel vontade
habitam doce, angélica figura;
se esse rigor por muito tempo dura,
me há de vencer com pouca dignidade.
Como erva cresce a mágoa e a dor me invade,
em dia claro e quando é noite escura
choro; porém, de minha desventura
nem ela e nem Amor mostram piedade.
Vivo só de esperança, recordando
que uma só gota pode, por constante,
o mármore romper, e a pedra espessa;
e não há coração que lamentando
não se comova às preces de um amante
nem tão gélido humor que não se aqueça.

CCLXXI

L'ardente nodo ov'io fui d'ora in hora,
contando, anni ventuno interi preso,
Morte disciolse, né già mai tal peso
provai, né credo ch'uom di dolor mora.

Non volendomi Amor perdere anchora,
ebbe un altro lacciuol fra l'erba teso,
et di nova ésca un altro foco acceso,
tal ch'a gran pena indi scampato fôra.

Et se non fosse esperïentia molta
de' primi affanni, i' sarei preso et arso,
tanto piú quanto son men verde legno.

Morte m'à liberato un'altra volta,
et rotto 'l nodo, e 'l foco à spento et sparso:
contra la qual non val forza né 'ngegno.

CCLXXI

O ardente laço em que me vi outrora
por anos vinte e um inteiros preso
a Morte desatou; foi duro peso
mas não morre de dor quem mágoas chora.
Não desejando Amor perder-me agora,
fez-me outro nó, mais apertado e teso
com nova isca e novo fogo aceso
de que escapei, com grande esforço embora.
Não fosse eu já vivido e experiente,
outra vez arderia, preso à trama,
tanto que já não sou mais verde lenho.
A Morte libertou-me novamente
rompendo o laço e dispersando a chama:
contra ela não valem força e engenho.

CCLXXII

La vita fugge, et non s'arresta un'hora,
et la morte vien dietro a gran giornate,
et le cose presenti et le passate
mi dànno guerra, et le future anchora;

e 'l rimembrare et l'aspettar m'accora,
or quinci or quindi, sí che 'n veritate,
se non ch'i' ò di me stesso pietate,
i' sarei già di questi penser' fòra.

Tornami avanti, s'alcun dolce mai
ebbe 'l cor tristo; et poi da l'altra parte
veggio al mio navigar turbati i vènti;

veggio fortuna in porto, et stanco omai
il mio nocchier, et rotte arbore et sarte,
e i lumi bei che mirar soglio, spenti.

CCLXXII

A vida passa, sem deter-se uma hora,
e a morte a segue em passo acelerado;
e as coisas do presente e do passado
me assustam, como as do futuro agora.

Esperança e memória que apavora
me vêm daqui, dali, de qualquer lado,
e se comigo não tiver cuidado
o alívio dessa angústia ainda demora.

Um doce olhar, esquivo companheiro
me alcança, mas o vento da procela
do desejado porto me desvia;

exausto vejo agora o timoneiro,
partido o mastro, esfarrapada a vela
e extinta a estrela que era a minha guia.

CCLXXIV

Datemi pace, o duri miei pensieri:
non basta ben ch'Amor, Fortuna et Morte
mi fanno guerra intorno e 'n su le porte,
senza trovarmi dentro altri guerreri?

Et tu, mio cor, anchor se' pur qual eri,
disleal a me sol, che fere scorte
vai ricettando, et se' fatto consorte
de' miei nemici sí pronti et leggieri?

In te i secreti suoi messaggi Amore,
in te spiega Fortuna ogni sua pompa,
et Morte la memoria di quel colpo

che l'avanzo di me conven che rompa;
in te i vaghi pensier' s'arman d'errore:
perché d'ogni mio mal te solo incolpo.

CCLXXIV

Paz vos imploro, tristes pensamentos:
já não basta que Amor, Fortuna e Morte
cerco me façam, e aos portões do forte,
sem dentro em mim achar novos sustentos?
Meu coração, leais teus sentimentos
ainda serão? Para que me conforte
apoio dás, mas fazes-te consorte
dos inimigos meus, ágeis e atentos.
A ti confunde Amor com sua manha,
a ti Fortuna sua pompa empresta,
a Morte lembra o golpe desfechado
que em mim destrói o pouco que ainda resta;
em ti meu pensamento se emaranha:
dos males meus és o único culpado.

CCLXXVI

Poi che la vista angelica, serena,
per súbita partenza in gran dolore
lasciato à l'alma e 'n tenebroso horrore,
cerco parlando d'allentar mia pena.

Giusto duol certo a lamentar mi mena:
sassel chi n'è cagione, et sallo Amore,
ch'altro rimedio non avea 'l mio core
contra i fastidi onde la vita è piena.

Questo un, Morte, m'à tolto la tua mano;
et tu che copri et guardi et ài or teco,
felice terra, quel bel viso humano,

me dove lasci, sconsolato et cieco,
poscia che 'l dolce et amoroso et piano
lume degli occhi miei non è piú meco?

CCLXXVI

Desde que a forma angélica e serena
partindo tão depressa, imensa dor
n'alma deixou, e tenebroso horror,
em versos busco alívio à minha pena.

Eterna perda ao luto me condena:
quem o causou bem sabe, e sabe Amor,
que outro escudo não pode o peito opor
contra as desgraças de que a vida é plena.

Morte, com tuas mãos roubaste a cura,
e tu, Terra feliz, que em teu abrigo
guardas, coberta, aquela imagem pura,

deixas-me cego e triste, qual mendigo,
pois a amorosa luz, doce e segura
dos olhos meus não tenho mais comigo.

CCLXXXIII

Discolorato ài, Morte, il piú bel volto
che mai si vide, e i piú begli occhi spenti;
spirto piú acceso di vertuti ardenti
del piú leggiadro et più bel nodo ài sciolto.

In un momento ogni mio ben m'ài tolto,
post'ài silenzio a' piú soavi accenti
che mai s'udiro, et me pien di lamenti:
quant'io veggio m'è noia, et quant'io ascolto.

Ben torna a consolar tanto dolore
madonna, ove Pietà la riconduce:
né trovo in questa vita altro soccorso.

Et se come ella parla, et come luce,
ridir potessi, accenderei d'amore,
non dirò d'uom, un cor di tigre o d'orso.

CCLXXXIII

Descoloriste, Morte, o mais formoso
rosto, e os olhos mais belos, já dormentes;
e o vivo espírito, de dons luzentes,
arrancaste a seu laço mais gracioso.
    Roubaste-me o meu bem mais venturoso,
silenciaste os sons mais comoventes
que ouvi, deixando a mim prantos ardentes:
quanto ouço e vejo me é triste e penoso.
    Minha senhora a consolar-me a dor
regressa, quando a Pena a reconduz:
nesta vida não tenho outro recurso.
    E se dela contar pudesse a luz,
no coração acenderia o amor
já não de humanos, mas de tigre ou urso.

CCLXXXVIII

I' ò pien di sospir' quest'aere tutto,
d'aspri colli mirando il dolce piano
ove nacque colei ch'avendo in mano
meo cor in sul fiorire e 'n sul far frutto,

è gita al cielo, ed àmmi a tal condutto,
col súbito partir, che, di lontano
gli occhi miei stanchi lei cercando invano,
presso di sé non lassan loco asciutto.

Non è sterpo né sasso in questi monti,
non ramo o fronda verde in queste piagge,
non fiore in queste valli o foglia d'erba,

stilla d'acqua non vèn di queste fonti,
né fiere àn questi boschi sí selvagge,
che non sappian quanto è mia pena acerba.

CCLXXXVIII

Suspiro ainda, e o eco ao vento escuto
desta colina ao ver o pátrio chão
daquela que ao prender meu coração
o fez florir e nele gerou fruto

e ao Céu subiu, deixando a solidão
ficar comigo; agora eterno luto
esconde meu olhar jamais enxuto
que os olhos dela busca ainda em vão.

Árvore ou pedra não há nestes montes,
ramo ou folha não há nestas paragens
e nem no vale flor, por mais pequena,

nem fio d'água vindo destas fontes,
e nos bosques não há feras selvagens
que não conheçam minha amarga pena.

CCXCII

Gli occhi di ch'io parlai sí caldamente,
et le braccia et le mani et i piedi e 'l viso,
che m'avean sí da me stesso diviso,
et fatto singular da l'altra gente;
le crespe chiome d'òr puro lucente
e 'l lampeggiar de l'angelico riso,
che solean fare in terra un paradiso,
poca polvere son, che nulla sente.
Et io pur vivo, onde mi doglio et sdegno,
rimaso senza 'l lume ch'amai tanto,
in gran fortuna e 'n disarmato legno.
Or sia qui fine al mio amoroso canto:
secca è la vena de l'usato ingegno,
et la cetera mia rivolta in pianto.

CCXCII

Os olhos que cantei ardentemente,
os braços, pés e mãos, e seu semblante
que me fizeram de mim ser distante
e de outros me tornaram diferente;
 cabelos de ouro puro e reluzente
e o som do riso angélico e brilhante
que davam vida ao coração de amante,
são hoje apenas pó, que nada sente.
 Eu, porém, vivo; e a pena me devora
privado dessa luz que amava tanto
como num barco ao léu, sem vela e escora.
 Aqui termina o apaixonado canto:
secou meu estro, que brilhava outrora,
e minha lira transformou-se em pranto.

CCC

Quanta invidia io ti porto, avara terra,
ch'abbracci quella cui veder m'è tolto,
et mi contendi l'aria del bel volto,
dove pace trovai d'ogni mia guerra!

Quanta ne porto al ciel, che chiude et serra
et sí cupidamente à in sé raccolto
lo spirto da le belle membra sciolto,
et per altrui sí rado si diserra!

Quanta invidia a quell'anime che 'n sorte
ànno or sua santa et dolce compagnia
la qual io cercai sempre con tal brama!

Quant'a la dispietata et dura Morte,
ch'avendo spento in lei la vita mia,
stassi né suoi begli occhi, et me non chiama!

CCC

Quanta inveja te tenho, avara Terra,
que abraças a quem ver me foi negado
privando-me do belo rosto amado
no qual paz encontrei de tanta guerra!
  E quanto invejo o Céu, que guarda e encerra
o espírito, do corpo desmembrado,
que tão zelosamente o tem vigiado
e a outros raramente se descerra!
  Quanta inveja das almas, que por sorte
em sua presença têm doce acolhida
que eu tanto quis e o coração reclama!
  E quanta da severa e dura Morte,
que havendo nela me arrancado a vida
mora em seus olhos e já não me chama!

CCCIV

Mentre che 'l cor dagli amorosi vermi
fu consumato, e 'n fiamma amorosa arse,
di vaga fera le vestigia sparse
cercai per poggi solitarii et hermi;
    et ebbi ardir cantando di dolermi
d'Amor, di lei che sí dura m'apparse:
ma l'ingegno et le rime erano scarse
in quella etate ai pensier' novi e 'nfermi.
    Quel foco è morto, e 'l copre un picciol marmo:
che se col tempo fossi ito avanzando
(come già in altri) infino a la vecchiezza,
    di rime armato, ond'oggi mi disarmo,
con stil canuto avrei fatto parlando
romper le pietre, et pianger di dolcezza.

CCCIV

Enquanto o amor, qual verme, consumia
meu coração, em doce chama ardendo,
dessa fera gentil pegadas vendo
fui-lhe ao encalço em solitária via;
    queixas de Amor cantei com ousadia
naquele tempo, seu desdém sofrendo:
ainda engenho e rima ia aprendendo
e a mente era confusa e doentia.
    Extinto é o fogo e mármore hoje o cobre:
porém se o tempo o fosse reavivando
como antes, mesmo na velhice dura,
    eu poderia, armado (e hoje sou pobre)
de meu grisalho estilo, versejando,
pedras romper, chorando com doçura.

CCCXV

Tutta la mia fiorita et verde etade
passava, e 'ntepidir sentia già 'l foco
ch'arse il mio core, et era giunto al loco
ove scende la vita ch'al fin cade.

Già incomminciava a prender securtade
la mia cara nemica a poco a poco
de' suoi sospetti, et rivolgeva in gioco
mie pene acerbe sua dolce honestade.

Presso era 'l tempo dove Amor si scontra
con Castitate, et agli amanti è dato
sedersi inseme, et dir che lor incontra.

Morte ebbe invidia al mio felice stato,
anzi a la speme; et feglisi a l'incontra
a mezza via come nemico armato.

CCCXV

Passava a flor de minha verde idade
e minha chama interna esmorecia
chegando à quadra em que já se anuncia
da vida o ponto mais do que a metade.
E vinha o tempo em que, mais à vontade,
minha cara inimiga já esquecia
suspeitas, e com bom humor ouvia
minhas queixas, com doce honestidade.
Quase chegava a hora, finalmente,
em que aos amantes com recato é dado
conversar entre si tranquilamente.
Mas a Morte invejou meu doce estado,
ou melhor, a esperança, e ali presente
surgiu, tal como um inimigo armado.

CCCXVI

Tempo era omai da trovar pace o triegua
di tanta guerra, et erane in via forse,
se non che' lieti passi indietro torse
chi le disaguaglianze nostre adegua:
  ché, come nebbia al vento si dilegua,
cosí sua vita súbito trascorse
quella che già co' begli occhi mi scorse,
et or conven che col penser la segua.
  Poco avev'a 'ndugiar, ché gli anni e 'l pelo
cangiavano i costumi: onde sospetto
non fôra il ragionar del mio mal seco.
  Con che honesti sospiri l'avrei detto
le mie lunghe fatiche, ch'or dal cielo
vede, son certo, et duolsene anchor meco!

CCCXVI

Próxima a hora de haver trégua ou paz
depois de tanta guerra parecia
mas fez voltar-se o rumo de alegria
aquela que igualdade a todos traz:
    pois como a névoa que o vento desfaz
a vida não durou mais do que um dia
daquela cujo olhar foi minha guia
e agora em sonho a sigo e nada mais.
    Meus modos e cabelos hoje a idade
mudou, e já não vejo mais razão
para falar do longo apuro antigo
    com meus suspiros e sinceridade,
porque do Céu a minha provação
sei que ela vê e chora ainda comigo.

CCCXXXIII

Ite, rime dolenti, al duro sasso
che 'l mio caro thesoro in terra asconde,
ivi chiamate chi dal ciel risponde,
benché 'l mortal sia in loco oscuro et basso.

Ditele ch'i' son già di viver lasso,
del navigar per queste horribili onde;
ma ricogliendo le sue sparte fronde,
dietro le vo pur cosí passo passo,

sol di lei ragionando viva et morta,
anzi pur viva, et or fatta immortale,
a ciò che 'l mondo la conosca et ame.

Piacciale al mio passar esser accorta,
ch'è presso omai; siami a l'incontro, et quale
ella è nel cielo a sé mi tiri et chiame.

CCCXXXIII

Vai, verso meu dolente, à laje dura
que meu tesouro esconde sob a Terra,
e de lá chama a alma que o Céu encerra
enquanto o corpo dorme em gruta escura.
    Desta vida cansado da tortura
navego em mar bravio que me aterra,
recolho folhas mortas sobre a Terra
e passo a passo sigo a imagem pura
    que me acompanha, na vida ou na morte,
e vive ainda, e agora é já imortal
para que o mundo a reconheça e a ame.
    Que ela, ao passo final, me reconforte;
já pouco falta, e ao meu encontro, tal
como está lá no Céu, me atraia e chame.

CCCXXXVI

Tornami a la mente, anzi v'è dentro, quella
ch'indi per Lethe esser non pò sbandita,
qual io la vidi in su l'età fiorita,
tutta accesa de' raggi di sua stella.

Sí nel mio primo occorso honesta et bella
veggiola, in sé raccolta, et sí romita,
ch'i' grido: — Ella è ben dessa; anchor è in vita —,
e 'n don le cheggio sua dolce favella.

Talor risponde, et talor non fa motto.
I' come huom ch'erra, et poi piú dritto estima,
dico a la mente mia: — Tu se' 'ngannata.

Sai che 'n mille trecento quarantotto,
il dí sesto d'aprile, in l'ora prima,
del corpo uscío quell'anima beata. —

CCCXXXVI

Volta-me sempre à mente a imagem dela
que no Letes não pode estar perdida,
tal como a vi na idade mais florida
iluminada aos raios de sua estrela.
  Surge aos meus olhos recatada e bela
e ao revê-la em si mesma recolhida,
brado: "É ela mesma, sei que ainda tem vida",
e peço o dom de ouvir-lhe a voz singela.
  Às vezes me responde, outras se ausenta;
e eu, como quem errou e o erro estima,
à mente digo: "Estás muito enganada.
  No ano de mil trezentos e quarenta
mais oito, em seis de abril, à hora prima,
partiu do corpo essa alma abençoada".

CCCXXXVIII

Lasciato ài, Morte, senza sole il mondo
oscuro et freddo, Amor cieco et inerme,
Leggiadria ignuda, le bellezze inferme,
me sconsolato et a me grave pondo,

Cortesia in bando et Honestate in fondo.
Dogliom'io sol, né sol ò da dolerme,
ché svelt'ài di vertute il chiaro germe:
spento il primo valor, qual fia il secondo?

Pianger l'aer et la terra e 'l mar devrebbe
l'uman legnaggio, che senz'ella è quasi
senza fior' prato, o senza gemma anello.

Non la conobbe il mondo mentre l'ebbe:
conobbil'io, ch'a pianger qui rimasi,
e 'l ciel, che del mio pianto or si fa bello.

CCCXXXVIII

Sem sol deixaste, Morte, o nosso mundo
escuro e frio, e cego e inerme o Amor,
a Graça nua, o Belo sem frescor
e eu, sem consolo, em grave dor me afundo.
　　Banido o Encanto, a Honra jaz no fundo.
Entre muitos sou mais um sofredor
pois da virtude extinguiste o valor:
morto o primeiro, qual será o segundo?
　　No ar, terra e mar, carpi-la deveria
o mundo, que sem ela, suspirando,
é anel sem gema, é prado sem encanto.
　　O mundo não a viu quando vivia:
só eu, que a conheci, fiquei chorando
e o Céu, que ora se enfeita com meu pranto.

CCCXL

Dolce mio caro et precïoso pegno,
che natura mi tolse, e 'l Ciel mi guarda,
deh come è tua pietà ver' me sí tarda,
o usato di mia vita sostegno?
   Già suo' tu far il mio sonno almen degno
de la tua vista, et or sostien' ch'i arda
senz'alcun refrigerio: et chi 'l retarda?
Pur lassú non alberga ira né sdegno:
   onde qua giuso un ben pietoso core
talor si pasce delli altrui tormenti,
sí ch'elli è vinto nel suo regno Amore.
   Tu che dentro mi vedi, e 'l mio mal senti,
et sola puoi finir tanto dolore,
con la tua ombra acqueta i miei lamenti.

CCCXL

Doce e raro penhor, mulher querida,
que Natura roubou-me e hoje o Céu guarda,
por que razão tua pena agora tarda
a mim, que arrimo foi de minha vida?
  Antes, meu sono ao menos deu guarida
a teu vulto, mas hoje deixas que arda
sem refrigério algum: quem o retarda?
Lá no alto ira ou desdém não têm cabida,
  por isso, um caridoso coração
de outro às vezes se nutre dos tormentos
e vence Amor em seu próprio rincão.
  Só tu, que sabes ver meus sofrimentos
podes por fim domar tanta aflição:
com tua sombra aquieta os meus lamentos.

CCCXLIV

Fu forse un tempo dolce cosa amore,
non perch'i'sappia il quando: or è sí amara,
che nulla piú; ben sa 'l ver chi l'impara
com'ò fatt'io con mio grave dolore.

Quella che fu del secol nostro honore,
or è del ciel che tutto orna et rischiara,
fe' mia requie a' suoi giorni et breve et rara:
or m'à d'ogni riposo tratto fore.

Ogni mio ben crudel Morte m'à tolto:
né gran prosperità il mio stato adverso
pò consolar di quel bel spirto sciolto.

Piansi et cantai: non so piú mutar verso;
ma dí et notte il duol ne l'alma accolto
per la lingua et per li occhi sfogo et verso.

CCCXLIV

Antes, talvez, foi coisa doce o amor,
não sei; amargo agora me parece;
bem sabe quem o aprende e não se esquece
como fiz eu com minha imensa dor.
Ela, que foi do século o louvor,
é luz que hoje no Céu tudo esclarece,
minh'alma agora a paz já não conhece
e desfez-se em meu peito o antigo ardor.
A Morte me roubou escudo e guia,
nem a riqueza e nem terrena fama
da eterna ausência me consolaria.
Do verso não sei mais mudar a trama:
ou choro, ou canto, e a mágoa, noite e dia
dos olhos e da língua se derrama.

CCCXLVII

Donna che lieta col Principio nostro
ti stai, come tua vita alma rechiede,
assisa in alta et gloriösa sede,
et d'altro ornata che di perle o d'ostro,
    o de le donne altero et raro mostro,
or nel volto di Lui che tutto vede
vedi 'l mio amore, et quella pura fede
per ch'io tante versai lagrime e 'nchiostro;
    et senti che vèr te 'l mio core in terra
tal fu, qual ora è in cielo, et mai non volsi
altro da te che 'l sol de li occhi tuoi:
    dunque per amendar la lunga guerra
per cui dal mondo a te sola mi volsi,
prega ch'i' venga tosto a star con voi.

CCCXLVII

Hoje, feliz com nosso Criador
colhes da vida santa a recompensa
no excelso trono cuja glória imensa
do que ouro e joias tem maior valor,

e entre as mulheres és mais rara flor;
do divino semblante na presença
vês de meu puro amor a chama intensa
que canto em verso e em lágrimas de dor.

Igual meu coração sentiu na Terra
qual sente hoje no Céu; nada pedi
senão da luz de teu olhar o abrigo.

Reza por mim, depois da longa guerra
que por ti só no mundo combati,
para que em breve eu possa estar contigo.

CCCLII

Spirto felice che sí dolcemente
volgei quelli occhi, piú chiari che 'l sole,
et formavi i sospiri et le parole,
vive ch'anchor mi sonan ne la mente:
    già ti vid'io, d'onesto foco ardente,
mover i pie' fra l'erbe et le vïole,
non come donna, ma com'angel sòle,
di quella ch'or m'è piú che mai presente;
    la qual tu poi, tornando al tuo fattore,
lasciasti in terra, et quel soave velo
che per alto destin ti venne in sorte.
    Nel tuo partir, partí del mondo Amore
et Cortesia, e 'l sol cadde del cielo,
et dolce incominciò farsi la morte.

CCCLII

Espírito feliz, que docemente
olhos mais claros do que o sol voltava
a mim, quando palavras me ditava
vivas, que ainda soam-me na mente:
de virtuoso lume vi-te ardente
quando entre flores no jardim passava,
não qual mulher, mas como um anjo estavas,
aquela que hoje mais se faz presente;
porém depois, tornando a teu Criador,
deixaste-o sobre a Terra, e o suave véu
que por divina ação te coube em sorte.
Ao partires, partiu do mundo Amor
e a Gentileza; o sol caiu do Céu,
e comecei a achar mais doce a Morte.

CCCLIII

Vago augelletto che cantando vai,
over piangendo, il tuo tempo passato,
vedendoti la notte e 'l verno a lato
e 'l dí dopo le spalle e i mesi gai,

se, come i tuoi gravosi affanni sai,
cosí sapessi il mio simile stato,
verresti in grembo a questo sconsolato
a partir seco i dolorosi guai.

I' non so se le parti sarian pari,
ché quella cui tu piangi è forse in vita,
di ch'a me Morte e 'l ciel son tanto avari;

ma la stagione et l'ora men gradita,
col membrar de' dolci anni et de li amari,
a parlar teco con pietà m'invita.

CCCLIII

Pássaro errante que cantando vais,
ou lamentando, o tempo teu passado,
que viste a noite e o triste inverno ao lado
e os dias idos que não voltam mais,
    bem saberás que de aflições iguais
às tuas sofro em meu amargo estado,
talvez ao ver-me assim desconsolado
viesses compartir meus tristes ais.
    Não sei, porém, se as dores e os enganos
podemos partilhar em igual medida:
a mim a Morte e o Céu frustraram os planos
    e essa a quem choras talvez tenha vida.
Hoje a lembrança dos bons e maus anos
a conversar contigo me convida.

CCCLIV

Deh porgi mano a l'affannato ingegno,
Amor, et a lo stile stancho et frale,
per dir di quella ch'è fatta immortale,
et cittadina del celeste regno;
      dammi, signor, che 'l mio dir giunga al segno
de le sue lode, ove per sé non sale,
se vertú, se beltà non ebbe eguale
il mondo, che d'aver lei non fu degno.
      Responde: — Quanto 'l ciel et io possiamo,
e i buon' consigli, e 'l conversar honesto,
tutto fu in lei, di che noi Morte à privi.
      Forma par non fu mai dal dí ch'Adamo
aperse li occhi in prima; et basti or questo:
piangendo i' 'l dico, et tu piangendo scrivi. —

CCCLIV

Ajuda, Amor, este estro meu cansado
e meu estilo frágil, desigual,
para falar daquela que, imortal,
habita agora o mais alto reinado;
    e tu, Senhor, permite que elevado
seja meu canto, o mais fiel sinal
de meu louvor, pois com virtude igual
nunca este mundo se viu tanto honrado.
    E Ele responde: "As graças que os Céus dão
juntei naquela, única entre os mortais,
cujo passo entre nós Morte fez breve.
    Desde que a luz primeira viu Adão,
ela não teve par; não falo mais:
chorando o digo, e tu, chorando, escreve".

CCCLVIII

Non pò far Morte il dolce viso amaro,
ma 'l dolce viso dolce pò far Morte.
Che bisogn'a morir ben altre scorte?
Quella mi scorge ond'ogni ben imparo;

et Quei che del Suo sangue non fu avaro,
che col pe' ruppe le tartaree porte,
col Suo morir par che mi riconforte.
Dunque vien', Morte: il tuo venir m'è caro.

Et non tardar, ch'egli è ben tempo omai;
et se non fusse, e' fu 'l tempo in quel punto
che madonna passò di questa vita.

D'allor innanzi un dí non vissi mai:
seco fui in via, et seco al fin son giunto,
et mia giornata ò co' suoi pie' fornita.

CCCLVIII

Não torna a Morte um doce rosto amaro
mas tornar doce um rosto pode a Morte.
Para morrer não sei de melhor norte
do que ela, que me indica o rumo claro;

e Ele, que não foi de Seu sangue avaro
rompendo com seu pé do Averno o forte,
com Seu traspasse aqui me reconforte.
Vem, pois, ó Morte: teu regresso é caro.

Não tardes, pois sei bem que para mim
já deveria a hora ser chegada
quando ela deste mundo foi-se enfim.

A vida desde então me foi negada:
com ela andei, com ela chego ao fim,
e em seus passos cumpri minha jornada.

CCCLXIV

Tenemmi Amor anni ventuno ardendo,
lieto nel foco, et nel duol pien di speme;
poi che madonna e 'l mio cor seco inseme
saliro al ciel, dieci altri anni piangendo.
   Omai son stanco, et mia vita reprendo
di tanto error che di vertute il seme
à quasi spento; et le mie parti extreme,
alto Dio, a te devotamente rendo:
   pentito et tristo de' miei sí spesi anni,
che spender si deveano in miglior uso,
in cercar pace et in fuggir affanni.
   Signor che 'n questo carcer m'ài rinchiuso,
tràmene, salvo da li eterni danni,
ch'i' conosco 'l mio fallo, et non lo scuso.

CCCLXIV

Vinte e um anos passei de amor ardendo
em fogo e dor, esperançoso em vão;
depois, ao Céu ela e meu coração
subiram, e outros mais dez fiquei sofrendo.

Hoje, cansado, o rumo refazendo,
após tantos enganos, quase não
resta virtude, e ao fim da vida a mão
a ti, meu Deus, devotamente estendo

arrependido de meu tempo antigo
ao qual devia dar mais digno uso
para buscar a paz em doce abrigo.

Senhor, aqui nesta prisão recluso
rogo me salves do eterno castigo:
conheço minha falta e não me escuso.

Cronologia

1304   Nascimento em Arezzo em 22 de julho, filho de *ser* Petracco di Parenzo e Eletta Canigiani.

1311   Transferência da família para Pisa.

1312   Transferência da família para Avignon.

1316-20   Estudos de direito em Montpellier.

1320   Estudos de direito na Universidade de Bolonha, em companhia do irmão Gherardo e do amigo Guido Sette.

1325   Início da leitura de *De civitate Dei*, de Santo Agostinho, que se tornaria fundamental em sua formação.

1326   Morte do pai.

1327   Primeira visão de Laura, em Avignon.

1328-9   Recebimento das ordens menores.

1330   Nomeação para capelão da família do cardeal Giovanni Colonna.

1333   Viagens pela Alemanha, Flandres e Sul da França.

1336   Escalada do monte Ventoux, em companhia do irmão Gherardo.

1337   Primeira visita a Roma. Aquisição de uma casa em Vaucluse, aldeia próxima a Avignon, que se torna o lugar preferido para o estudo e a elaboração literária.

1341   Em Roma, recebimento da coroa de louros por seu trabalho literário.

1348   Morte de Laura, vítima da peste negra. A epidemia dizima um terço da população da Europa, inclusive o amigo e protetor Giovanni Colonna.

1350   Encontro com Giovanni Boccaccio em Roma. Início de uma duradoura amizade.

1353	Transferência para Milão.
1354	Encontro com o imperador Carlos IV em Mântua.
1356	Viagem a Praga, em missão diplomática. No regresso a Milão, provável início da compilação e revisão do *Canzoniere*.
1361	Última missão diplomática, em Paris. Transferência para Pádua a fim de escapar da peste. Morte do filho Giovanni.
1362	Transferência para Veneza.
1368	Transferência para Pádua como hóspede de Francesco da Carrara. Novo encontro com o imperador Carlo IV, em Udine.
1369	Início da construção de uma casa em Arquà, onde passaria os últimos quatro anos de vida.
1370	Em Ferrara, interrupção de uma viagem a Roma por motivo de saúde. Regresso a Pádua.
1373	Envio ao amigo Pandolfo Malatesta de uma versão do *Canzoniere*.
1374	Conclusão dos *Triunfos* e última organização dos textos do *Canzoniere*. Morte em Arquà durante a noite de 18 para 19 de julho.

Índice de primeiros versos

(A numeração romana corresponde à original do *Canzoniere*.)

I	*Voi ch'ascoltate in rime sparse il suono* Vós que em rimas esparsas escutais	29
II	*Per fare una leggiadra sua vendetta* Amor, por travessura ou por vingança	31
III	*Era il giorno ch'al sol si scoloraro* Pálido fez-se o sol naquele dia	33
IV	*Que' ch'infinita providentia et arte* Aquele que infinito engenho e arte	35
IX	*Quando 'l pianeta che distingue l'ore* Quando o astro que das horas é senhor	37
XIII	*Quando fra l'altre donne ad ora ad ora* Se, em meio a outras, por acaso aflora	39
XV	*Io mi rivolgo indietro a ciascun passo* Se volto atrás o olhar a cada passo	41
XVII	*Piovonmi amare lagrime dal viso* Escorre por meu rosto amargo pranto	43
XX	*Vergognando talor ch'ancor si taccia,* Por não saber cantar envergonhado,	45
XXI	*Mille fiate, o dolce mia guerrera,* Mil vezes ofertei, doce guerreira,	47
XXXV	*Solo et pensoso i piú deserti campi* Os mais desertos campos, pensativo	49
XXXVI	*S'io credesse per morte essere scarco* Se pela morte eu fosse libertado	51

LXI	*Benedetto sia 'l giorno, et 'l mese, et l'anno,* Bendito seja o ano, o mês e o dia,	53
LXV	*Lasso, che mal accorto fui da prima* Mal me dei conta quando de repente	55
LXXIV	*Io son già stanco di pensar sí come* Cansei-me de cismar por que motivo	57
LXXV	*I begli occhi ond'i' fui percosso in guisa* Feriu-me aquele olhar de tal maneira	59
LXXVI	*Amor con sue promesse lusingando* Com suas vãs promessas me acenando,	61
LXXXV	*Io amai sempre, et amo forte anchora,* Eu sempre amei, e amo ainda bastante	63
LXXXIX	*Fuggendo la pregione ove Amor m'ebbe* Por anos fez-me Amor seu prisioneiro	65
XC	*Erano i capei d'oro a l'aura sparsi* Ao vento ondeava a loura cabeleira	67
XCIII	*Più volte Amor m'avea già detto: Scrivi,* "Escreve em letras de ouro", ordena Amor,	69
XCVII	*Ahi bella libertà, come tu m'ài,* A doce liberdade, ao se afastar	71
C	*Quella fenestra ove l'un sol si vede,* O sol que vi brilhar nessa janela	73
CIX	*Lasso, quante fiate Amor m'assale,* Amor me assalta de maneira tal	75
CX	*Persequendomi Amor al luogo usato,* Amor seguiu-me ao ponto acostumado	77
CXI	*La donna che 'l mio cor nel viso porta,* Essa mulher que traz meu coração	79
CXII	*Sennuccio, i' vo' che sapi in qual manera* Amigo, te direi de que maneira	81
CXXIV	*Amor, Fortuna et la mia mente, schiva* O Amor, a Sorte, e a mente que se esquiva	83
CXXXI	*Io canterei d'amor sí novamente* De mil maneiras novas cantarei	85

ÍNDICE DE PRIMEIROS VERSOS

CXXXII   *S'amor non è, che dunque è quel ch'io sento?*
Se amor não é, o que é meu sentimento?   87

CXXXIII   *Amor m'à posto come segno a strale,*
Alvo de suas flechas fez-me Amor   89

CXXXIV   *Pace non trovo, et non ò da far guerra;*
Não tenho paz nem posso fazer guerra,   91

CXL   *Amor, che nel penser mio vive et regna*
Amor, que vive e reina em minha mente,   93

CXLIV   *Né così bello il sol già mai levarsi*
Nunca tão belo o sol vi levantar-se   95

CLI   *Non d'atra et tempestosa onda marina*
Jamais voltou de escura tempestade   97

CLVI   *I' vidi in terra angelici costumi*
A graça angelical na Terra eu via   99

CLVII   *Quel sempre acerbo et honorato giorno*
Aquele dia amargo e tão lembrado   101

CLXIV   *Or che 'l ciel et la terra e 'l vento tace*
Se calma ao Céu e à Terra o vento traz,   103

CLXVIII   *Amor mi manda quel dolce pensero*
Amor me manda um doce pensamento   105

CLXIX   *Pien d'un vago penser che me desvia*
Um doce pensamento me desvia   107

CLXXI   *Giunto m'à Amor fra belle et crude braccia,*
Amor me acorrentou a cruéis braços   109

CLXXIV   *Fera stella (se 'l cielo à forza in noi*
Cruel estrela sob a qual nasci   111

CLXXXII   *Amor, che 'ncende il cor d'ardente zelo,*
Amor, que inflama o coração de zelo,   113

CLXXXIII   *Se 'l dolce sguardo di costei m'ancide,*
Quer me torture com seu doce olhar   115

CXCIV   *L'aura gentil, che rasserena i poggi*
Gentil aragem que os montes serena   117

CXCVI   *L'aura serena che fra verdi fronde*
Essa tranquila brisa que murmura   119

CXCVIII	*L'aura soave al sole spiega et vibra*	
	Suave brisa ao sol solta a ligeira	121
CCIV	*Anima, che diverse cose tante*	
	Minh'alma, que diversas coisas tantas	123
CCXI	*Voglia mi sprona, Amor mi guida et scorge,*	
	Vontade é o que me impele, Amor me guia,	125
CCXIII	*Grazie ch'a pochi il ciel largo destina:*	
	Dons que a poucos o largo Céu destina:	127
CCXVI	*Tutto 'l dí piango; et poi la notte, quando*	
	O dia inteiro eu choro, e à noite, quando	129
CCXX	*Onde tolse Amor l'oro, et di qual vena,*	
	Onde achou ouro Amor, de que jazida	131
CCXXVIII	*Amor co la man dextra il lato manco*	
	Com a mão destra abriu-me o flanco Amor	133
CCXXX	*I' piansi, or canto, ché 'l celeste lume*	
	Antes chorava, mas agora canto	135
CCXXXV	*Lasso, Amor mi trasporta ov'io non voglio,*	
	Leva-me Amor onde ir eu não queria	137
CCXLIX	*Qual paura ò, quando mi torna a mente*	
	Grande é meu medo se me volta à mente	139
CCLI	*O misera et horribil visïone!*	
	Como é sinistra e triste essa visão!	141
CCLII	*In dubbio di mio stato, or piango or canto,*	
	No meu incerto estado, ou choro ou canto	143
CCLIV	*I' pur ascolto, et non odo novella*	
	Não recebo, por mais que esteja atento,	145
CCLV	*La sera desïare, odiar l'aurora*	
	Amar a noite e detestar a aurora	147
CCLXV	*Aspro core et selvaggio, et cruda voglia*	
	Áspero coração, cruel vontade	149
CCLXXI	*L'ardente nodo ov'io fui d'ora in hora,*	
	O ardente laço em que me vi outrora	151
CCLXXII	*La vita fugge, et non s'arresta un'hora,*	
	A vida passa, sem deter-se uma hora,	153

ÍNDICE DE PRIMEIROS VERSOS

CCLXXIV	*Datemi pace, o duri miei pensieri:* Paz vos imploro, tristes pensamentos:	155
CCLXXVI	*Poi che la vista angelica, serena,* Desde que a forma angélica e serena	157
CCLXXXIII	*Discolorato ài, Morte, il piú bel volto* Descoloriste, Morte, o mais formoso	159
CCLXXXVIII	*I' ò pien di sospir' quest'aere tutto,* Suspiro ainda, e o eco ao vento escuto	161
CCXCII	*Gli occhi di ch'io parlai sí caldamente,* Os olhos que cantei ardentemente,	163
CCC	*Quanta invidia io ti porto, avara terra,* Quanta inveja te tenho, avara Terra,	165
CCCIV	*Mentre che 'l cor dagli amorosi vermi* Enquanto o amor, qual verme, consumia	167
CCCXV	*Tutta la mia fiorita et verde etade* Passava a flor de minha verde idade	169
CCCXVI	*Tempo era omai da trovar pace o triegua* Próxima a hora de haver trégua ou paz	171
CCCXXXIII	*Ite, rime dolenti, al duro sasso* Vai, verso meu dolente, à laje dura	173
CCCXXXVI	*Tornami a la mente, anzi v'è dentro, quella* Volta-me sempre à mente a imagem dela	175
CCCXXXVIII	*Lasciato ài, Morte, senza sole il mondo* Sem sol deixaste, Morte, o nosso mundo	177
CCCXL	*Dolce mio caro et precïoso pegno,* Doce e raro penhor, mulher querida,	179
CCCXLIV	*Fu forse un tempo dolce cosa amore,* Antes, talvez, foi coisa doce o amor,	181
CCCXLVII	*Donna che lieta col Principio nostro* Hoje, feliz com nosso Criador	183
CCCLII	*Spirto felice che sí dolcemente* Espírito feliz, que docemente	185
CCCLIII	*Vago augelletto che cantando vai,* Pássaro errante que cantando vais,	187

CCCLIV   *Deh porgi mano a l'affannato ingegno,*
          Ajuda, Amor, este estro meu cansado   189

CCCLVIII *Non pò far Morte il dolce viso amaro,*
          Não torna a Morte um doce rosto amaro   191

CCCLXIV   *Tenemmi Amor anni ventuno ardendo,*
          Vinte e um anos passei de amor ardendo   193

LEIA MAIS PENGUIN-COMPANHIA
CLÁSSICOS

Dante Alighieri

Convívio

Tradução, introdução e notas de
EMANUEL FRANÇA DE BRITO
Apresentação de
GIORGIO INGLESE

Concebido na primeira década do século XIV, provavelmente enquanto Dante estava no exílio, *Convívio* é composto de uma série de comentários acerca de peças poéticas que o autor escreveu em sua juventude. Poemas alegóricos sobre o amor e a filosofia, os versos se transformam em base para explicações filosóficas, literárias, morais e políticas.

Escritos em italiano, para que os não versados em latim pudessem compartilhar daquele conhecimento, os quatro tratados de *Convívio* são a explícita celebração da filosofia e do que ela representa — isto é, o amor pelo saber.

A obra, que se presta muito bem à apreensão da trajetória intelectual e espiritual do autor, demonstra ainda a lógica política e científica de sua época e joga luz sobre os temas filosóficos que percorrem toda a criação de Dante, incluindo a *Divina comédia*.

WWW.PENGUINCOMPANHIA.COM.BR

LEIA MAIS PENGUIN-COMPANHIA
CLÁSSICOS

Santo Agostinho

Confissões

Tradução do latim e prefácio de
LORENZO MAMMÌ

Pela densidade poética e pela originalidade da escrita, e por inaugurar o gênero da autobiografia como história da formação de uma personalidade, as *Confissões* de Agostinho de Hipona são ainda hoje um livro surpreendente.

Redigidas no século IV, elas representam um marco único na história da literatura ocidental. Agostinho elabora nelas uma nova maneira de fazer filosofia, estranha à tradição antiga, por ser baseada não apenas em conceitos abstratos e deduções, mas sobretudo na observação fina dos movimentos psicológicos, das motivações interiores e do significado de pequenos fatos e gestos cotidianos.

Leitura incontornável para todos os que se interessam por filosofia, história ou religião, o livro ganha nova tradução do latim por Lorenzo Mammì.

WWW.PENGUINCOMPANHIA.COM.BR

LEIA MAIS PENGUIN-COMPANHIA
CLÁSSICOS

Ovídio

Amores & Arte de amar

Tradução de
CARLOS ASCENSO ANDRÉ

Para o poeta latino Ovídio, o amor é uma técnica que, como toda técnica, pode ser ensinada e aprendida. Isso, porém, não é simples: "São variados os corações das mulheres; mil corações, tens de apanhá-los de mil maneiras", ele diz. Essas "mil maneiras" são ensinadas em sua *Arte de amar*, uma espécie de manual do ofício da sedução, da infidelidade, do engano e da obtenção do máximo prazer sexual, elaborado a partir das experiências vividas pelo poeta e descritas em *Amores*.

Autoproclamado mestre do amor, Ovídio versa sobre as regras da procura e da escolha da "vítima", o código de beleza masculino, o desejo da mulher, o ciúme, o domínio da palavra escrita e falada, o poder do vinho como aliado na sedução, o fingimento, a lisonja, as promessas, os homens que devem ser evitados, a técnica da carícia e os caminhos do corpo feminino, entre outros temas.

A edição da Penguin-Companhia das Letras tem tradução e introdução de Carlos Ascenso André, professor de línguas e literaturas clássicas da Faculdade de Letras de Coimbra, e apresentação e notas do inglês Peter Green, escritor, tradutor e jornalista literário.

WWW.PENGUINCOMPANHIA.COM.BR

LEIA MAIS PENGUIN-COMPANHIA
CLÁSSICOS

Homero
Ilíada

Tradução do grego de
FREDERICO LOURENÇO

Primeiro livro da literatura ocidental, a *Ilíada*, como o próprio nome indica, a princípio parece tratar apenas de um breve incidente ocorrido no cerco dos gregos à cidade troiana de Ílion, a crônica de aproximadamente cinquenta dias de uma guerra que durou dez anos. No entanto, graças à maestria de seu autor, essa janela no tempo se abre para paisagens vastíssimas, repletas de personagens e eventos que ficariam marcados para sempre no imaginário ocidental. É nesse épico homérico que surgem figuras como Páris, Helena, Heitor, Ulisses, Aquiles e Agamêmnon, e em seus versos somos transportados diretamente para a intimidade dos deuses, com suas relações familiares complexas e às vezes cômicas.

Mas, acima de tudo, a *Ilíada* é a narrativa da tragédia de Aquiles. Irritado com Agamêmnon, líder da coalizão grega, por seus mandos na guerra, o célebre semideus se retira da batalha, e os troianos passam a impor grandes derrotas aos gregos. Inconformado com a reviravolta, seu escudeiro Pátroclo volta ao combate e acaba morto por Heitor. Cegado pelo ódio, Aquiles volta à carga com sede de vingança, apesar de todas as previsões sinistras dos oráculos.

WWW.PENGUINCOMPANHIA.COM.BR

LEIA MAIS PENGUIN-COMPANHIA
CLÁSSICOS

Homero

Odisseia

Tradução de
FREDERICO LOURENÇO

A narrativa do regresso de Ulisses a sua terra natal é uma obra de importância sem paralelos na tradição literária ocidental. Sua influência atravessa os séculos e se espalha por todas as formas de arte, dos primórdios do teatro e da ópera até a produção cinematográfica recente. Seus episódios e personagens — a esposa fiel Penélope, o filho virtuoso Telêmaco, a possessiva ninfa Calipso, as sedutoras e perigosas sereias — são parte integrante e indelével de nosso repertório cultural.

Em seu tratado conhecido como *Poética*, Aristóteles resume o livro assim: "Um homem encontra-se no estrangeiro há muitos anos; está sozinho e o deus Posêidon o mantém sob vigilância hostil. Em casa, os pretendentes à mão de sua mulher estão esgotando seus recursos e conspirando para matar seu filho. Então, após enfrentar tempestades e sofrer um naufrágio, ele volta para casa, dá-se a conhecer e ataca os pretendentes: ele sobrevive e os pretendentes são exterminados".

Esta edição de *Odisseia* traz uma excelente introdução de Bernard Knox, que enriquece o debate dos estudiosos, mas principalmente serve de guia para estudantes e leitores, curiosos por conhecer o mais famoso épico de nossa literatura.

WWW.PENGUINCOMPANHIA.COM.BR

Esta obra foi composta em Sabon por Raul Loureiro
e impressa em ofsete pela Geográfica sobre papel Pólen Natural
da Suzano S.A. para a Editora Schwarcz
em maio de 2023

A marca FSC® é a garantia de que a madeira utilizada na fabricação do papel deste livro provém de florestas que foram gerenciadas de maneira ambientalmente correta, socialmente justa e economicamente viável, além de outras fontes de origem controlada.